EL BARCO DE VAPOR

A cuadros

Frank Cottrell Boyce

Traducción de Miguel Azaola

sm

www.
literaturasm
.com

Dirección editorial: Elsa Aguiar
Coordinación editorial: Xohana Bastida
Traducción: Miguel Azaola
Título original: *Framed*

Publicado por primera vez en Gran Bretaña
en 2005 por Macmillan Children's Books

Impresores, 2
Urbanización Prado del Espino
28660 Boadilla del Monte (Madrid)
www.grupo-sm.com

ATENCIÓN AL CLIENTE
Tel.: 902 121 323
Fax: 902 241 222
e-mail: clientes@grupo-sm.com

ISBN: 978-84-675-7408-1
Depósito legal: M-27377-2014
Impreso en la UE / *Printed in EU*

Para Denny,
mi obra de arte favorita

PROBABLEMENTE nunca hayáis oído hablar de Vincenzo Peruggia. Era un famoso ladrón de obras de arte, así que en eso nos parecemos. Mi hermana Minnie tenía incluso una foto suya en la pared de su cuarto. En su opinión, el robo de la *Mona Lisa* en el Louvre el 21 de agosto de 1911 fue el crimen más absolutamente perfecto de la historia. La *Mona Lisa* era la pintura más famosa del mundo, pero Vincenzo hizo un trabajo tan limpio que durante dos días nadie se percató de que el cuadro había desaparecido. Cuando se dieron cuenta, se armó la gorda. Todo el mundo fue al Louvre a contemplar el espacio vacío en el que había estado el cuadro. ¡Hacían cola para contemplar un espacio vacío! Hasta el propio Vincenzo Peruggia hizo cola. Cuando llegaban al final de la cola, todos contemplaban el espacio vacío y pensaban en el cuadro que lo ocupaba antes. Eso sí que lo entiendo: a veces, desaparece algo y luego uno no puede dejar de mirar al sitio en que estaba.

La cosa es que durante todo ese tiempo, Vincenzo guardaba la *Mona Lisa* en su cuartito, en un baúl al lado de su cama. A veces sacaba el lienzo y le tocaba extrañas canciones con su mandolina. No intentó venderlo. Ni robó ningún otro cuadro. No quería ser rico ni famoso. Solo quería la *Mona Lisa*. Y eso es lo que hizo bien. Por eso fue el crimen perfecto. Porque no quiso ninguna otra cosa.

Y probablemente fuera en eso en lo que nosotros nos equivocamos. Porque nosotros sí que queríamos algo.

EL OASIS DE SNOWDONIA - HOGAR DEL AUTOMÓVIL.
MANOD.

11 de febrero

Coches hoy:
FORD FIESTA AZUL: señorita Stannard (compra Twix)
SCANIA 118 CON RAMPA TRASERA: Grúas Wrexham

Tiempo: lluvia

Nota: EL ACEITE Y EL ANTICONGELANTE
NO SON LO MISMO

Mi padre, que lo sepáis –podéis preguntárselo a cualquiera y todos os dirán lo mismo–, mi padre es capaz de arreglarlo todo. Toyotas. Hyundais. Fords. Hasta el Daihatsu Copen birrioso (velocidad máxima, 170 kilómetros por hora) de la madre de Tom el Majo, que es del tamaño de un bombón y se necesitan pinzas de depilar para arreglarlo.

Y no solo arregla coches.

Por ejemplo, cuando fuimos a Prestatyn y Minnie quería nadar, pero yo no quise meterme en el agua porque estaba demasiado fría. Ella decía todo el rato:

–Métete. Una vez dentro, se está a gusto.

Y yo todo el rato contestaba:

–No.

Bueno, pues papá se levantó, fue a la caravana y volvió con una cacerola llena de agua hirviendo. Vertió el agua en el mar y dijo:

–Dylan, ven a probarla. Dime si está bien o hace falta un poco más.

Y yo dije:

–No, está bien así. Gracias, papá.

–¿Estás seguro?

–Estoy seguro.

–¿Demasiado caliente?

–No, está perfecta.

–Si vuelve a enfriarse, dame una voz. Puedo hervir más.

Entonces Minnie me salpicó, y yo la salpiqué a ella y estuvimos en el agua hasta que se puso el sol.

Arregló el mar para nosotros. Y eso es algo admirable.

Marie, mi hermana mayor, no se metió en el agua a pesar de que papá la había arreglado. Dijo:

–¿Tenéis idea de lo mal que queda el pelo después de mojarlo en el mar?

Y luego, cuando estábamos jugando al Monopoly en la caravana, dijo:

–¿De veras pensabais que una cacerola de agua podía calentar todo el mar de Irlanda?

–Todo el mar no, claro –le respondí yo–. Solo el trozo en que estábamos nadando.

–Ya, como si eso funcionara –dijo Minnie–. Os lo explicaré con la física...

–Minnie –la interrumpió mamá–: Euston Road, tres casas. Doscientas setenta libras, si haces el favor.

Mi madre siempre ha tenido una gran habilidad para cambiar de tema.

Claro que sabía que una cacerola de agua no podía calentar el mar, pero no se trataba de eso. La cosa es que me metí en el agua, y eso era lo que importaba. Papá vio la situación y pensó: «La física no es lo mío, pero Dylan sí». Por eso lo hizo.

A mi padre le gusta mucho que los demás también aprendamos a arreglar cosas. Por eso le ayudé a cambiar el aceite del Fiesta azul de la señorita Stannard (velocidad máxima, 177 kilómetros por hora). No sé cómo pude armarme semejante lío con lo del aceite.

Papá me dijo que tal vez fuera mejor que no volviera a pisar el taller. Ni acercarme a un coche, ya puestos. Estuvo de lo más sereno. Dijo que era una de esas cosas que pueden pasarle a cualquiera. A cualquiera que no conozca la diferencia entre el aceite para el motor y el anticongelante, se entiende.

Después de aquello, mamá dijo que podría ocuparme del registro de gasolina. Es un libro enorme que está siempre junto a la caja, en el que anotamos todas las ventas de gasolina para llevar la cuenta de la demanda y los suministros. La tapa es roja con dibujos dorados. Parece una Biblia. Mi madre lo compró por quince peniques en uno de esos mercadillos donde venden cosas en los maleteros de los coches (el Baratillo Loco que se celebra en el campo del Dynamo de Blaenau FC). Tiene más de mil páginas. Como solo usamos una página por semana, debería durarnos más o menos veinte años. ¡Ganga!

No quiero criticar a mamá, claro, pero seguramente estaba demasiado ocupada con el bebé para hacer ese trabajo a conciencia. Escribía cosas como «10:20. 5 litros sin plomo». Sin embargo, yo pongo todos los detalles: la marca, el año, el nombre del conductor... En fin, todo. Cuando llego a casa, suelo quedarme en la entrada de la estación de servicio hasta la hora del té. A veces Tom el Majo viene a sentarse conmigo, y si dice algo del tipo de: «La rueda trasera izquierda del señor Morgan está pelada», escribo eso también. Cuando mi padre lo vio, me dijo:

–Dylan, has convertido un registro de gasolina de quince peniques en una base de datos. Y eso es algo digno de admiración.

Una base de datos es algo muy útil. Por ejemplo, cuando papá leyó: «Señor Morgan: rueda trasera izquierda, pelada», se hizo con un neumático nuevo y se lo ofreció al señor Morgan. Así, un trabajo que hubiera ido a parar al Miles de Neumáticos de Harlech nos lo quedamos nosotros. Le ahorró tiempo al señor Morgan y a nosotros nos dio dinero. Es lo que se llama «investigación de mercado», y la hice yo.

–Así es como funciona la familia Hughes –dice siempre mi padre–. Cada uno tiene su trabajo que hacer y todos lo hacen bien. La familia Hughes es un equipo imbatible. Somos el Brasil de Snowdonia.

Y esta es la alineación: mi padre, capitán; mi madre, dirección técnica y compras (en mercadillos); Marie es muy mona, así que supongo que podríamos decir que se ocupa de nuestra imagen; yo, investigación de mercado, y Minnie vendría a ocuparse de las ideas en general. Ah, y el bebé. Se llama Max y de momento no hace mucho, pero dentro de siete años será capaz de jugar al fútbol.

Como llevo el registro de gasolina con tanto detalle, ahora solo tengo que echarle un vistazo para recordar todo lo que pasó el día que sea. Por ejemplo, en la anotación del

11 de febrero, recuerdo que miré a la señorita Stannard (que es mi profesora) mientras compraba su barra de chocolate Twix, y pensé: «Aaaah, conque a la señorita Stannard le gustan los Twix». Y recuerdo que el Fiesta azul es suyo porque es el coche con el que tuve todo el follón. Y que el Scania 118 de rampa trasera es ese camión descomunal de ocho ruedas, con grúa elevadora y motor con intercooler, que vino a llevarse el coche de la señorita Stannard.

Como ya he dicho, mi padre es capaz de arreglarlo casi todo.

El Fiesta de la señorita Stannard es la excepción que confirma la regla.

15 de febrero

Coches hoy:
BICI DE MONTAÑA BLUE BARRACUDA:
tipo con pasamontañas (aparcó junto a las botellas de butano)
DAIHATSU COPEN VERDE: Señora Egerton (aparcó directamente frente al aspirador de secado, no compró gasolina. Motor minúsculo de 659 cc, consumo no muy alto que digamos)

Tiempo: lluvioso

NOTA: LOS PASAMONTAÑAS INCITAN AL CRIMEN

Esto es lo que escribí en el registro de gasolina del día del atraco. El atraco fue la primera ocasión en que mi familia veía de cerca a un delincuente en acción. Así que tuvo seguramente una gran influencia en nuestra deriva posterior.

Un tipo llegó a la estación de servicio con la cara cubierta por un pasamontañas y un martillo tipo mazo, y le gritó a papá que vaciara la caja. Papá supo inmediatamente quién era: Tom el Majadero. Lo supo porque la madre de Tom me había hecho a mí un pasamontañas muy parecido por mi cumpleaños. Además, Tom había recortado los agujeros para los ojos y los puntos estaban empezando a deshacerse por la zona de la nariz, de modo que casi se le podía reconocer. De todos modos, papá hizo como que abría la caja fuerte.

–Tiene una cerradura con temporizador, ¿comprendes? –dijo–, así que tardará un par de minutos. Tú tranquilo. Coge lo que quieras del estante de los dulces.

–Usted dese prisa, señor Hughes.

Otra buena pista, eso de llamar a papá señor Hughes.

La pista definitiva, por cierto, fue su bici azul de montaña, que es la única bici azul de montaña del pueblo y todo el mundo sabe que le tocó a Tom el Majadero en la rifa de Navidad.

Además, llevaba un casco de ciclista de las Tortugas Ninja, y todos sabemos que Tom el Majadero está obsesionado con esas tortugas, algo insólito en un hombre hecho y derecho. A Tom le dio por las Tortugas Ninja en cuanto aparecieron, como a todos. Pero cuando los demás se cansaron de ellas, a él le siguieron gustando. Siempre está comprándose camisetas de las Tortugas, vídeos, cromos y juguetes como la Guarida Original de las Tortugas con alcantarillado aparte, el Helicóptero Triturador, el Deslizador, el Submarino-Caparazón (con torpedos y todo)... Tiene un juego completo de cajas con muñecos mutantes de Donatello, Rafael, Leonardo y Miguel Ángel, con sesenta y siete puntos de articulación cada uno, e incluso un caparazón de tortuga portátil de tamaño natural.

Pero bueno, volvamos al atraco. Naturalmente, no tenemos ninguna caja fuerte. Cuando papá dijo que estaba abriendo la caja fuerte, en realidad estaba escribiendo un SMS a la madre de Tom el Majadero, que apareció en su pequeño Copen. Tom el Majadero no vio ni oyó llegar al coche porque el motor es tan pequeño que solo puedes oírlo si eres un murciélago, un lirón o algo así. Así que, cuando su madre entró, Tom casi se ahoga del susto. Y cuando ella le sacudió en el trasero con la innecesaria barra antirrobo de su coche, él gritó: «¡Tortugadora!» (otro signo revelador), y la verdad es que, en general, se vino abajo.

La madre de Tom el Majadero quería denunciarlo a la policía, pero papá dijo que ni hablar.

–Manod –dijo– es el municipio con el índice de delincuencia más bajo del Reino Unido. Y no vamos a estropearlo por un solo error.

Y le ofreció trabajo a Tom.

–Ven a trabajar a la estación de servicio unas semanas y no se hable más del asunto –le propuso–. Eso sí, no podré pagarte.

–Nunca se sabe qué consecuencias van a tener nuestros actos –dijo la madre de Tom, que estaba muy disgustada–. Fíjese en mí: yo, como buena madre, solo quería que mi hijo tuviera las orejas calientes. ¿Y qué he conseguido? Si no le hubiera hecho ese pasamontañas, puede que nunca le hubiera atraído el mundo del crimen.

Lo bueno de Tom el Majadero es que hizo funcionar la fotocopiadora, algo que nadie había podido hacer porque, cuando la compró mamá (Tienda Benéfica del Equipo de Rescate de Montaña de Snowdonia, 20 libras), no tenía manual de instrucciones. Tom el Majadero se plantó delante de ella en cuclillas y se puso a apretar botones hasta que consiguió que funcionara como es debido. Al acabar la semana, El Oasis de Snowdonia - Hogar del Automóvil se había convertido en El Oasis de Snowdonia - Hogar del Automóvil & Centro de Fotocopias. Y Tom el Majadero se había convertido en Tom el Majo (menos para su madre).

Conque esa es otra cosa que arregló papá: a Tom el Majadero. Allí terminó su carrera delictiva.

Lo que, pensándolo bien, resulta gracioso. Porque ese fue probablemente el principio de la nuestra.

12 de marzo

Coches hoy:
GRAND CHEROKEE V8: hermanas Sellwood

Tiempo: lluvia

Nota: MANOD LOS MIÉRCOLES

La verdad es que en El Oasis de Snowdonia tenemos días tranquilos. Hay tres razones para ello:

Razón 1: Nadie sabe dónde está Manod. En Manod hay tantas cosas que ver que debería estar indicado con señales de tráfico enormes, como las de Londres o Blackpool. Pero, por desgracia, no hay ninguna. Ni siquiera en la A496, que pasa al lado del pueblo. Antes había una señal en la cuneta, justo al lado de la valla publicitaria de Diggermania (que es un parque temático de Harlech en el que la gente puede pasearse montada en excavadora), pero una furgoneta cargada de huevos dio marcha atrás contra ella y la tiró al suelo, y nadie la ha arreglado nunca. El ayuntamiento dice que no es una «prioridad presupuestaria». Mi padre se pone furioso con eso al menos una vez a la semana. Dice que la ausencia de la señal le roba posibles clientes que pasan de largo.

Razón 2: Hay que reconocer, sin embargo, que no perdemos posibles clientes, porque nadie podría pasar de largo ante nuestra estación de servicio. La calle de Blaenau (carretera B5565) muere justo detrás de nuestro aspirador de tapicerías. El Oasis de Snowdonia es literalmente el final de la carretera. A no ser que abra uno la cancela, claro, y entonces está la pista de montaña. Pero eso no es una auténtica carretera, solo es una calzada que usaban antes para bajar la pizarra de la cantera que hay arriba. La cancela está ahí para evitar que las ovejas del señor Morgan se desperdiguen desde el monte y lleguen hasta la calle mayor. Mantener la cancela cerrada o, si está abierta, echar atrás a las ovejas es parte de mi trabajo. Si las ovejas no quieren que las eche, abro un paquete de patatas fritas Quavers. Las ovejas te siguen a cualquier parte si llevas un paquete abierto de Quavers. Haced la prueba. El señor Morgan es un cliente, así que echar ovejas fuera es atención al cliente.

Razón 3: Las ancianas hermanas Sellwood. Las hermanas Sellwood viven en una granja que está a mitad de la subida al monte Manod. Elsa sabe conducir, pero no ve. Edna ve, pero no sabe conducir. Y lo que hacen es que, todos los miércoles, Elsa conduce y Edna guía. En la pista de montaña no es peligroso porque, aparte de ellas y de las ovejas del señor Morgan, nadie más vive por allí. Pero cuando llegan a la calle mayor, se convierten en un Peligro Público.

Algunos nombres de coches están puestos al buen tuntún, y eso es un rollo. El Fiat Cappuccino, por ejemplo, no se parece nada a una taza de café. El Escarabajo no es un insecto y el Grand Cherokee no tiene nada de indio. Pero el Grand Cherokee V8 5.7 Hemi tiene un motor enorme de ocho cilindros en V como los que usan las avionetas. Realmente se puede desgraciar a alguien con eso. Por eso, los miércoles nadie sale a la calle en Manod hasta que las hermanas Sellwood se han marchado. Tienen que atravesar la estación de servicio para ir al pueblo a hacer la compra y a que les tiñan el pelo de azul en Rizando el Rizo, la peluquería de la calle de Manod. Siempre llevan en el salpicadero un ramillete de narcisos de plástico pegado con Blue Tack. Lo pusieron allí un día de San David y no lo han quitado nunca. Ya están un poco polvorientos.

Como conducen unos seis kilómetros por semana, solo se paran a echar gasolina una vez al año. Pero tan pronto como aparecen en la entrada, mamá llama a la señora Porty para que diga a todo el mundo que ya vienen. Los miércoles buenos bajan pronto y todos podemos retomar nuestra vida normal. Pero los miércoles malos bajan tarde, lo que quiere decir que nadie asoma por la estación de servicio en todo el día.

Sin embargo, incluso en un mal miércoles hay siempre mucho de que hablar. Por ejemplo, desde el atraco, Minnie está totalmente fascinada por la faceta delictiva de Tom. Siempre está diciendo cosas como:

–¿Cuándo decidiste emprender tu carrera criminal?

–Bueno, en realidad no lo decidí. Yo no quería ser un delincuente. Quería hacer carrera en la hostelería, pero el único trabajo que había era en Mister Chipz y se lo dieron a esa chica pelirroja a la que seguramente ni siquiera le gustan las patatas fritas de la tienda. Si no, ¿por qué está tan flaca?

Así que Tom no era realmente un delincuente. Era solo un chico frustrado.

–Ya veo –dijo Minnie–. ¿Y por qué te atraía robar gasolineras? ¿Por qué no bancos, por ejemplo, o joyerías?

–Bueno, para una cosa así necesitaría un coche en el que fugarme, digo yo, y solo tengo la bici.

–¿Sabes en qué te equivocaste?

–Sí –respondió Tom–. Me equivoqué cuando intenté atracaros. Fue una mala idea. Nunca se me tendría que haber ocurrido.

–No lo planeaste bien –repuso Minnie–. Por ejemplo, la bici: todo el mundo sabe que esa bici es tuya. Y a todos les sonaba tu pasamontañas. Aquí no hay nadie que no te conozca. La próxima vez que quieras perpetrar un atraco, hazlo en Blaenau o en Harlech, donde no te reconozca nadie.

–No habrá una próxima vez porque, gracias a tu padre, ahora estoy rehabilitado. Soy feliz trabajando aquí.

–Si lo hubieras planeado bien, podrías haberte salido con la tuya.

–No quiero salirme con la mía. No quiero atracar ninguna tienda. Te lo he dicho: ahora soy feliz.

–¡Venga ya! Todos tenemos algún sueño.

Los ojos de Tom se perdieron en el vacío.

–¿Sabes que colecciono esos modelos superarticulados de las Tortugas Ninja, verdad? Bueno, pues por lo visto han sacado uno nuevo del maestro Astilla. Lo que pasa es que nunca se ve en las tiendas. Solo se consigue importándolo de Japón.

–Quizá podrías robar uno –propuso Minnie.

–No, gracias –respondió Tom–. Puede que mire en eBay.

–Tu problema –dijo Minnie– es que te rajas con facilidad.

29 marzo

Coches hoy:
FORD KA ROJO: señorita Stannard (compró gasolina, un Twix y pastillas para encender fuego)
VAUXHALL ASTRA ESTATE 1.9 CDTi:
señor Davis (solo paró para dar la vuelta)
LEXUS AZUL: señor Choi (echó gasolina)
MONTEGO BLANCO: señor Evans (ruidos en la caja de cambios y chirridos en el limpiaparabrisas)
TOYOTA PRIUS T4 AUTOMÁTICO ROJO:
doctor Ramanan y familia (depósito lleno, control de aceite, presión del aire, líquido de frenos y un paquete-fiesta de Hula Hoops)
DAIHATSU COPEN VERDE: señora Egerton

Tiempo: húmedo

Nota: PROHIBIDO JUGAR AL BALÓN

Este es un día fácil de recordar. La señorita Stannard vino a enseñarnos el nuevo Ka (velocidad máxima, 174 kilómetros por hora) que le habían dado los del seguro, y yo me convertí en el último chico del pueblo de Manod.

Recuerdo cuando el doctor Ramanan entró a por el paquetón de Hula Hoops porque esa fue la última vez que vi a Mohan. Él y yo éramos los únicos chicos de la escuela, y el 29 de marzo Mohan se marchó.

Cuando empecé en la Escuela Primaria de Manod había otros diez chicos, los justos para un partido de cinco contra cinco con uno de reserva. Lo malo era que cinco de ellos eran los hermanos Ellis, así que cuando el señor Ellis se fue a Londres a trabajar en la Nueva Barrera del Támesis, se marcharon la mitad de los chicos de la escuela, y de cinco contra cinco pasamos a ser tres contra tres. Se podía jugar, siempre y cuando los porteros no se quedaran todo el rato en la portería. Luego, la madre de Terry Tailor se marchó para aprender a ser maestra, y Terry se fue con ella. Después, Wayne y Lewis Martin se trasladaron a Manchester porque su nuevo padre trabajaba en ordenadores. Les compró un abono de temporada para el City, y los demás nos quedamos dando patadas al balón arriba y abajo. Más tarde, el señor Ellis le dijo al padre de Paddy Parry que podía conseguirle trabajo a él también en la Nueva Barrera, así que allá fue Paddy, dejándonos a Mohan y a mí sin poder jugar a otra cosa más que a penaltis.

La Nueva Barrera, por cierto, es una especie de muralla flotante que al parecer evita que Londres vuelva a inundarse. La empezaron a construir cuando se rompió la Vieja Barrera. Parece mentira que un sitio del tamaño de Londres tenga que pedirle a otro tan pequeño como Manod que le ayude a construir sus barreras. Pero supongo que es porque Manod es así de estupendo.

Cuando entró a pagar, el doctor Ramanan le dijo a mamá:

–No voy a decirle adiós, señora Hughes, porque seguiré siendo su médico. Esperamos verla a menudo.

Lo cual me extrañó, porque no es eso precisamente lo que quieres que te diga tu médico.

–Es una lástima –dijo papá.

–Me da pena despedirme de la gente de pueblo, pero la verdad es que aquí ya no tenemos nada que hacer.

¿Cómo que no tenían nada que hacer? ¡Si aquí hay de todo!

Hay una tienda de vinos y licores (abierta desde las 18:30), un supermercado Spar (cuyos dueños no permiten entrar a más de un menor al mismo tiempo si no están acompañados), la peluquería unisex Rizando el Rizo, la farmacia del señor Elsie y la carnicería del señor Davis con su letrero de «El gusto de ofrecerle la carne de su gusto». Eso no es rigurosamente cierto, porque nunca te ofrece nada a gusto. Cuando entras, te dice: «¿Qué?», tú le dices lo que quieres, él lo pesa y te indica con el dedo el precio que marca la caja registradora. Ah, y hay una tienda que se llama Sinenvase («Donde usted ahorrará dinero porque nosotros le ahorramos el envase»). Tienen grandes barreños llenos de cosas a granel, y puedes echarte todo el detergente en polvo que quieras, o copos de avena o lo que te dé la gana, y luego pagas en la caja. No vamos ahí nunca porque a mamá le gusta saber lo que compra y, claro, lo que hay en los recipientes no tiene nombre de marca. Ni lista de ingredientes. Ni fecha de caducidad.

Pero el sitio más divertido es la Tienda Benéfica del Equipo de Rescate de Montaña de Snowdonia. En ella se venden toda clase de cosas. Por ejemplo, una vez me compré un monopatín por 3,50 libras. Cuando Jade Porty lo vio, dijo que había sido suyo pero que lo había dado «para los niños pobres». Y luego añadió: «Ahora lo tienes tú, así que debes de ser pobre». Lo que es un poco absurdo, porque la tienda no es para niños pobres. Es para montañeros extraviados o heridos. Me encanta mirar el escaparate porque cada vez es diferente. A veces hay una cosa en él, por ejemplo un sombrero, y al día siguiente ya no está. Y te preguntas quién lo habrá comprado y luego lo ves en Manod por alguna parte, en la cabeza del señor Morgan, por ejemplo.

Y está también el Parque de Waterloo. Es un parque fantástico que tenía un lago grande donde remar, una cascada artificial y un pabellón cubierto por si llovía. El pabellón era como una casa de madera en la que había dos mesas de ping pong y, por supuesto, una mesa de billar. Manod era mundialmente famoso por sus mesas de snooker, que es un tipo de billar. Antes, en la cantera que hay en lo alto del monte Manod se extraía la pizarra más lisa de Gales. Ahora está cerrada, pero cuando estaba abierta, las mejores mesas de snooker del mundo se hacían con pizarra de Manod. Minnie dice que hay una en Londres, en el palacio de Buckingham, y otra en el Crucible de Sheffield, donde se celebran los campeonatos mundiales de snooker. Pues bien: hay una tercera en el pabellón del Parque de Waterloo. Aún sigue allí, pero no se puede ver porque han cerrado el pabellón con candado y han tapado las ventanas con tablones. Cerraron el lago y el pabellón hace algunos años por problemas con la compañía de seguros. Pero sigue siendo un gran parque. Por ejemplo, alrededor del lago hay una valla grande de madera con un mural que tiene escenas de la vida de Elvis Presley. Fue idea del señor Davis. Por lo visto, llegó a ver a Elvis una vez en el Ahorrohogar de Harlech, cuando todo el mundo pensaba que había muerto hacía tiempo.

Cuando se agotó la cantera de pizarra, la montaña se quedó casi hueca, y por la cumbre quedaron desparramados todos los trozos de mineral que no servían. Las demás montañas de los alrededores tienen hierba en la cumbre; solo la nuestra está cubierta de pizarra rota. Puede decirse que los mineros le dieron la vuelta a la montaña como si fuera un calcetín. Y digo yo, ¿cuántos pueblos hay que tengan al final de su calle mayor una montaña vuelta del revés como un calcetín?

Por cierto, que la pizarra es legendaria no solo por las mesas de billar. Con ella pueden hacerse tejas, escalones, chimeneas, baldosas... De todo. En Manod tenemos tejados de pizarra, umbrales de pizarra y alféizares de pizarra. Hay hasta un buzón de correos de pizarra y, junto a la puerta (de pizarra) de la escuela, hay una estatua de un hombre hecha también de pizarra. Y una parada de autobús con marquesina de pizarra y con un rótulo en lo alto que dice: «Prohibido jugar al balón». Y cuando entras en la escuela, el suelo de la cocina es de baldosas de pizarra. Y hasta tenemos un reloj de pizarra. Como también se puede escribir sobre la pizarra, antes la usaban en las clases en vez de encerados. Y en la marquesina del autobús, que también es de pizarra, alguien ha escrito: «¡¡¡SACADME DE AQUÍ!!!» en letras bien grandes. Lo ha hecho en broma, claro. Es lo que pasa con la gente de Manod: que tenemos sentido del humor. Como dice mi padre: «Hay que tenerlo; de lo contrario, no seguiríamos aquí».

Todo Manod –desde el pub de abajo hasta nuestra gasolinera, que está arriba– es del mismo color. Color pizarra. Es decir, gris. Como dice papá: «No es el color más interesante del mundo, pero hace juego con las nubes».

Lo único que no es gris en Manod –aparte del mural de Elvis– son los coches. El coche del doctor Ramanan, por ejemplo, era de ese rojo intenso que solo puede tener un Toyota. Parecía la uña de una señora gigantesca.

Cuando arrancó el motor, papá le dijo al doctor Ramanan:

–Manod tiene el índice de delincuencia más bajo de Gran Bretaña, doctor. De eso no se quejará.

Y el doctor Ramanan contestó:

–También tiene el índice de pluviosidad más alto, eso sin duda. Y a lo mejor las dos cosas tienen alguna relación entre sí.

Y se fueron. Vi que Mohan miraba por la luneta térmica trasera y le saludé agitando la mano mientras pensaba: «Ahí se va mi última oportunidad de dar patadas a un balón».

No es que Mohan fuera muy bueno. Tenía tanta fuerza en el pie izquierdo que podía haber abierto latas con él, pero era un poco impredecible, o sea que podías pasarte la mayor parte de la tarde trepando a la tapia para recoger el balón y sin desarrollar tus habilidades futbolísticas en absoluto. Pero era mejor que nada, que es lo que tengo ahora.

Recuerdo que, cuando el Toyota de los Ramanan salió de la estación de servicio, pensé que la dirección no le respondía bien. Se lo dije a papá.

–Esa dirección parece un poco chunga.

–Estoy seguro de que en Blaenau saben cómo arreglar una dirección.

Y cuando el Toyota se alejó, me quedé mirando la matrícula fijamente. Lo hago a veces: ver cuánto se aleja algo hasta que dejo de percibirlo con claridad. Luego le dije a mi padre:

–¿Te apetecen unos penaltis después del té?

–No, gracias –contestó.

Luego se metió en el taller y cerró la puerta, aunque dentro no había ningún coche en el que trabajar.

La madre de Tom vino a buscarlo en su pequeño Copen. Tom quería darle las buenas noches a papá, pero Minnie le dijo que no se molestara porque estaba de mal humor.

–¿Y eso por qué? –preguntó Tom.

–Tú sabes que no se deben contar los pollos antes de que salgan del cascarón, ¿no? Bueno, pues imagínate que esperas hasta ese momento, que luego los alimentas y te aseguras de que tengan su agua, su anticongelante y sus controles de aceite. Y que luego, cuando ya han crecido, vuelan y se van.

–No estoy seguro de que se pueda dar anticongelante a los pollos –respondió Tom.

–No, pero... –dijo Minnie–. Olvídalo. Buenas noches.

Papá no salió ni siquiera a la hora de cerrar. Mamá trató de animarlo con una cena de pescado de Mister Chipz. A mí me compró un pastel de queso sin que yo tuviera que pedirlo. Marie pidió arroz en vez de patatas fritas porque quiere mantener la línea. Minnie, como es tan especial, encargó brotes de soja con guisantes. Y para papá pedimos una enorme pescadilla rebozada.

Cuando volvimos con todo, papá dijo que no tenía hambre. Y entonces yo dije:

–Te hemos traído una pescadilla enorme.

Y cambió de idea.

Cuando estábamos todos sentados, papá dijo:

–Tengo algo que deciros, y es lo siguiente: El Oasis de Snowdonia - Hogar del Automóvil está en peligro.

Todos empezamos a preguntar qué clase de peligro, pero él alzó el tenedor y nos volvimos a callar.

–Hoy hemos perdido un cliente muy valioso. A lo largo del año pasado, hemos ido perdiendo casi todos nuestros clientes más valiosos. Y hoy también nos ha llamado nuestro proveedor de gasolina. Normalmente se limitan a llenarnos de combustible los tanques y a recoger el dinero cuando se ha vendido todo. El problema es que estamos tardando un tiempo mucho más largo del normal en vender su gasolina. Piensan que ya no les merece la pena venir hasta aquí. Dicen que la única forma de darnos gasolina es que les paguemos por adelantado. Y claro, no podemos tener una gasolinera sin gasolina. Ahora, lo que quiero saber es: ¿qué piensa hacer el Equipo Hughes al respecto?

En el Equipo Hughes se le ocurrió una idea distinta a cada uno.

La idea de Marie fue vender la estación de servicio y trasladarnos a Londres. Así ella conseguiría hacerse famosa y todos podríamos formar parte de su séquito.

–No podemos vender la estación de servicio –dije yo–. ¡Aquí es donde vivimos!

–Además –dijo mi padre–, no nos darían mucho por ella. No bastaría para trasladarnos a Londres.

La idea de mamá fue transformar El Oasis de Snowdonia en algo más que una simple estación de servicio.

–Si os fijáis en nuestros competidores –dijo–, los dos son más que una gasolinera. Uno es un restaurante de la cadena Little Chef. Y el otro está en la circunvalación de Blaenau y también es algo más que una gasolinera: es un supermercado Asda.

–No podemos convertirnos de pronto en un Asda –dijo papá.

–Pero podemos abrir un café. O una casa rural con alojamiento y desayuno. Podríamos llamarla Vistacumbre.

Papá no estaba convencido.

–La cumbre de la vista es un poco gris, ¿no creéis? No es bonita.

–Bonita, no –dije yo–. Es única. Nuestra montaña está vuelta del revés como un calcetín.

–Eso es cierto –asintió mi padre–, pero no estoy seguro de que eso constituya una ventaja.

La idea de Minnie era hacerle una jugada al seguro. Es decir: incendiar la estación de servicio, decir que había sido un accidente y luego reclamar a la aseguradora. Ninguno pensamos que fuera un buen plan.

–No puedes incendiar la estación de servicio –protesto mamá.

–Es más fácil de lo que crees –dijo Minnie, y luego se puso a explicar la forma de prender fuego a tu propia casa con un entusiasmo que me preocupó un poco–. Con tal cantidad de gasolina a nuestro alrededor, tenemos todas las facilidades. No necesitamos más que adiestrar unas cuantas ratas y hacerlas correr bajo el entarimado con trapos ardiendo atados a la cola.

La verdad es que no consiguió que sonara muy fácil. Cuando se ofreció a revisar las pólizas del seguro y averiguar cuánto conseguiríamos, papá la paró en seco.

–No vamos a incendiar El Oasis –dijo–. Es nuestro hogar y el Equipo Hughes va a luchar por conservarlo. Porque de eso se trata. ¿Tengo razón o no?

–No solo conservarlo –añadió mi madre–. Vamos a hacer que sea mejor que nunca. Vamos a reconvertirlo.

–¿Pero en qué? –preguntó Marie.

–Vamos a hacer que El Oasis de Snowdonia - Hogar del Automóvil se convierta en la principal atracción de Manod –dijo mamá con una sonrisa radiante.

Todos aplaudimos. Y papá me dio parte de su pescadilla.

6 abril

Coches hoy:
BMW M5 NEGRO CARBÓN: ¡subió por la pista de montaña!
NISSAN X-TRAIL ROJO: ¡subió por la pista de montaña!
DOS FURGONETAS COMBI BLANCAS:
¡subieron por la pista de montaña!

Tiempo: nublado. Y lluvioso

Nota: ¡COWABUNGA!

Uno puede aprender mucho de la vida observando a las Tortugas.

Por ejemplo, en *El regreso de Destructor*, las ratas robot destruyen la guarida-alcantarilla de las Tortugas, donde estas han vivido durante quince años, y luego secuestran a Astilla, su venerado maestro. ¿Se quedan acaso las Tortugas sentadas, preguntándose cómo pagar la gasolina? No. Van a buscar a su maestro. Se abren camino por alcantarillas desmoronadas. Persiguen a las ratas robot siguiendo su huella de destrucción. Luchan contra la banda callejera del Dragón Morado y al fin rescatan a Astilla, de forma que todo acaba como estaba al principio, o sea, de la forma en que debe acabar.

Si las Tortugas podían salir adelante a pesar de la destrucción de su hogar y el rapto de su maestro, el Equipo Hughes tenía que ser capaz de reunir el dinero necesario para llenar el tanque de un surtidor de gasolina.

Papá compró un viejo Mini Cooper S (velocidad máxima, 150 kilómetros por hora) en la subasta de la policía en Harlech. Hubo que hacerle cantidad de cosas, pero conservaba todas sus características originales. Por ejemplo, el puño del cambio de velocidades era de cuero, y la palanca del intermitente tenía una lucecita en la punta que destellaba como un minúsculo sable de luz de *La guerra de las galaxias.* Papá dijo que era justo el tipo de cosa que se vendía bien en eBay.

Mamá tuvo la brillante idea de colocar el ordenador en la tienda para que la gente pudiera tener acceso a Internet por una libra cada media hora. El señor Morgan empezó a usarlo para mandar correos electrónicos a su hijo, que vive en Australia. Eso producía algunos roces con Marie, que utiliza el ordenador para hacer cosas del instituto. Por eso, en cierto modo, fue bueno que solo usara el servicio el señor Morgan.

Mamá también empezó a comprar en Sinenvase en vez de en el supermercado Asda. Compraba los copos de avena a granel. Te podías llevar una bolsa del tamaño de un saco de dormir por el precio de una caja de copos de avena Easy Porridge. ¡Ganga!

Así descubrí que la razón de que no pongan los ingredientes en el barreño de copos de avena de Sinenvase es que no tienen ingredientes. Cuando les echas la leche, casi desaparecen. En vez de un tazón de copos de avena parece un tazón de leche amarillenta con grumos.

Pero nadie se quejó. El Equipo Hughes trabajaba unido.

Ni siquiera nos quejamos cuando mamá canceló los canales de suscripción de la tele. Fue una lástima perder los dibujos de Cartoon Network. Pero seguíamos viendo el canal de dibujos animados en galés, que era gratis. Tenía todos los dibujos galeses (*Super Ted*, *Will Cwac Cwac*), y además, todos nuestros favoritos traducidos al galés. Fue un cambio gracioso oír a Miguel Ángel diciendo: «*Dwy'n hoffi partio!*» en lugar de: «¡Me encantan las fiestas!».

Un día, mientras nos tomábamos nuestra leche amarillenta con grumos, mi madre dijo:

–Los Scouts Náuticos del lago Bala celebran hoy un mercadillo móvil en el puerto deportivo. Podríamos ir a ver si recaudamos algo de dinero para la gasolina. ¿Qué os parece?

–¿Quieres decir que te gustaría que vendiéramos algunas de nuestras cosas? –preguntó Marie.

–Nada que sea muy especial; solo cosas que han llegado a aburriros o a las que ya no hacéis caso. ¿Qué me decís?

–¿Serviría mi Legotechnic? –pregunté yo.

–Buen chico, Dylan –respondió mi madre–. El Legotechnic sería perfecto.

–¿Y qué tal todas tus cosas de fútbol, tus espinilleras y todas esas camisetas de equipos? –dijo Minnie–. Pueden pasar años antes de que consigas jugar un partido como es debido.

–Ya... –mascullé yo.

–O tu PlayStation 2. Tampoco tienes a nadie para jugar con ella.

–Pero puedo jugar solo. Eso es lo bueno.

–Basta con el Lego, Dylan. Gracias –dijo mamá.

Así que llevé una bolsa con el Lego. Marie llevó algo de ropa vieja y unos CD. Minnie contribuyó con su Maletín de Veterinaria Rural, el que tiene un termómetro de verdad. Mamá le dijo:

–Eso es estupendo, pero creí que lo necesitabas para ti. Pensaba que querías ser veterinaria de mayor.

–Ahora tengo otros planes –replicó Minnie guiñándome el ojo.

Nos montamos todos en el coche. (Bueno, en realidad no es un coche sino un jeep-grúa Wrangler de 1997, con una velocidad máxima de 150 kilómetros por hora y 95.000 kilómetros a sus espaldas. Es una versión especial, con las defensas cromadas). El caso es que estábamos subiéndonos cuando el minúsculo Copen de la señora Egerton entró en la estación de servicio y Tom el Majo salió del coche con una bolsa enorme.

–Enséñaselo a la señora Hughes –le dijo su madre.

Así que Tom nos enseñó lo que había en la bolsa. Eran chismes de las Tortugas. A toneladas: el caparazón portátil, el Escúter de las Alcantarillas, una caja para el almuerzo... La repanocha.

–Quiere venderlo –dijo su madre–. Para echarles una mano.

La verdad es que Tom no tenía aspecto de querer venderlo. Más bien parecía tener ganas de llorar.

–Muy amable, pero no hace falta –dijo mamá–. Es nuestra estación de servicio y debemos ser nosotros quienes la saquemos adelante.

–No, no. Le encanta trabajar aquí. Díselo, Tom.

–Me encanta trabajar aquí –dijo Tom.

–Le importa mucho más conservar su trabajo que una estúpida caja para el almuerzo de la que tendría que haberse olvidado hace tiempo. Díselo, Tom.

–Me importa mucho más conservar mi trabajo que una caja para el almuerzo original de la primera serie Ninja, con contenedor para trozo de pizza incorporado –dijo Tom.

–Vamos, sube al coche –dijo su madre.

Así que se subió a nuestro jeep-grúa y arrancamos. Tom dijo que no había traído el mejor material de las Tortugas: ni las figuras mutantes ni la Guarida de las Tortugas con alcantarillado aparte. Traía justo aquello de lo que podía prescindir. Pero en cuanto lo puso todo sobre la mesa plegable, detrás del coche, nos vimos rodeados de gente que quería comprarlo. Y, curiosamente, Tom fue de lo más inflexible con los precios. Alguien quiso comprar el caparazón portátil por cinco libras y él le hizo pagar veinticinco.

–Es muy codiciado por los coleccionistas –dijo–, y aún está en su caja. En eBay pagan hasta cuarenta.

Consiguió sacar treinta por el Escúter de Cloaca. Y lo vendió todo en la primera media hora. Todo menos la caja para el almuerzo.

Tuvimos algunos problemas con el Legotechnic porque Max trataba de comérselo todo el rato. Y luego no paraba de intentar tirárselo a la gente. Así que fue un alivio cuando vino el Tocho Evans y lo compró entero. Es un amigo de mi padre. Su hija, que está en mi clase, se llama la Fiera Evans. No soy el único que la llama así, por cierto. Tiene dos colas de caballo. Suena gracioso y muy de chica, pero en realidad hacen que parezca un vikingo.

–¿Es un Legotechnic? –preguntó el Tocho–. Mi hija está ahora mismo muy enrollada con todo eso, pero cuesta un dineral en las tiendas. ¿Cuánto pides?

–Veinticinco libras –dije yo.

–No las vale, papá –dijo la Fiera–. Está intentando timarte.

–Seguro que no. Seguro que solo está tratando de conseguir algo de dinero, como todos nosotros –contestó él, y se puso a hablar con mamá de que estaba pensando en irse a Londres a trabajar en la Nueva Barrera.

–Te doy diez libras –dijo la Fiera.

–Quince –dije yo.

El Tocho nos dio veinte. Estuvo muy majo.

La Fiera es la única chica de la escuela a quien le gustan las Tortugas. Tiene un estuche de lápices Ninja y a veces lleva calcetines con trozos de pizza estampados. Y ahora estaba mirando la caja para el almuerzo de Miguel Ángel. Tom la abrió de forma que pudiera ver el contenedor para trozo de pizza. Estaba claro que la Fiera lo quería. Las chicas y las cajas para el almuerzo... A los chicos suelen molarnos los equipos de fútbol; a las chicas, las cajas para el almuerzo. Las chicas que tienen cajas de Tracy Beaker se sientan todas juntas, pero nunca se sientan con las chicas que tienen cajas de las Bratz. Y ninguna de ellas se sentará jamás con una chica que tenga una caja para el almuerzo de Will Cwac Cwac.

Tom dijo:

–Es de cuando salieron, mira. Por eso es de coleccionista. La vendo por quince. Las de Miguel Ángel son las más populares.

Ella la miró y dijo:

–Miguel Ángel es un memo.

Así de fiera es la Fiera. Ni siquiera soporta que alguien tenga una Tortuga mutante favorita distinta a la suya.

Al final Tom le cobró doce libras. En total sacó casi cien. Parecía tan feliz que me hizo desear haber traído mi PS2 y haberla vendido.

Marie vendió toda la ropa que había traído. Minnie vendió el chisme de veterinaria y mamá lo vendió todo, incluido un juego de mobiliario de jardín que compró hace años cuando papá estaba planeando construir un patio. En total sacamos cerca de trescientas libras. Mamá estaba muy orgullosa de nosotros. Nos dio una libra a cada uno y nos dijo que fuéramos a comprarnos algo en los puestos mientras ella recogía. Tuvimos que llevarnos a Max.

El mercadillo móvil estaba casi totalmente compuesto por aburridas rancheras y coches familiares de cinco puertas, un par de monovolúmenes y un curioso automóvil eléctrico. Todos los coches tenían mesas al lado, la mayor parte llenas de viejas lámparas de petróleo, hervidores de agua y barajas usadas de monstruos Yu-Gi-Oh! La única diferente era la que había al lado del automóvil eléctrico, que estaba llena de folletos sobre la energía solar.

–Este es un sitio espléndido para un robo –dijo Minnie–. Bastaría saltar dentro de un coche y salir zumbando.

–En efecto –dijo Marie–. Siempre y cuando tuvieras interés en robar dos lámparas de mesa viejas y un libro sobre la reina.

Como no le interesaba nada del mercadillo móvil, Marie se fue a la calle mayor y se compró un tubo de Tanfastic, que es un falso bronceado para las piernas. Da el pego si se aplica bien.

Minnie encontró un enorme *Diccionario del delito y los delincuentes,* con un desplegable interior de «Delincuentes eminentes».

Tom volvió con una gran caja de zapatos. Le pregunté si era algo de las Tortugas y él negó con la cabeza. En el interior de la caja se oyó un ruidito como un arañazo. Pensé que sería mejor dejar de preguntar.

Yo escogí una pelotita con un cascabel dentro para Max.

Al volver al Wrangler, mi madre no estaba allí. La encontramos junto a un Montego Estate plateado (por cierto, siempre me impresiona la capacidad del maletero del Montego), contemplando fijamente una enorme caja de metal cubierta de grifos, manijas y diales. Parecía una máquina diabólica de la guarida de Shredder el Destructor.

–¿¿¡Pero qué carey...!?? –exclamó Tom.

–Una Gaggia –explicó mamá–. Es para hacer café –se estaba mordiendo el labio.

–¿Es que no funciona el hervidor de agua? –preguntó Marie.

–Tienes razón, tienes razón. Ya sé que tienes razón. Vámonos –masculló mamá.

Estábamos a punto de subir todos al Wrangler cuando, de pronto, mi madre se dio la vuelta y se puso a cruzar el descampado a grandes zancadas en dirección al Montego. Y para cuando nos dimos cuenta, dos tipos fornidos estaban colocando la gran caja de metal en la trasera de nuestro jeep. Mamá dijo:

–¡Cien libras! ¡CIEN libras! Es justo lo que necesitamos.

Durante todo el camino de vuelta a casa estuvo hablando de las innumerables clases distintas de café que podríamos hacer y vender gracias a la Gaggia.

–El Perfecto Oasis del Automovilista está en marcha –dijo–. Serviremos las mejores tazas de café entre Snowdon y el mar. ¡Esperad a que vuestro padre vea esto!

Cuando lo vio, papá dijo:

–¡Cien libras! –y pareció tan sorprendido por el precio como mamá, pero menos contento–. ¡Cien libras! –repitió una y otra vez.

–Todo lo que necesita son filtros de papel –dijo mamá–. Y café. Ah, y un tapón.

–Un tapón –dijo papá–. ¡Cien libras... y no tiene ni tapón! ¿Cómo sabes si funciona siquiera?

–Si no funciona –replicó mamá–, tú la podrás arreglar.

Y eso sí era verdad. Mi padre puede arreglarlo todo.

Papá se metió en su taller y cerró la puerta.

–¡No tienes visión! –gritó mamá, y se metió en casa y cerró la puerta también.

Los demás nos quedamos callados un buen rato. Luego se oyó otro arañazo dentro de la caja de Tom. La miró como si se hubiera olvidado de ella y dijo:

–Tengo un regalo para el señor Hughes. ¿Os parece bien que se lo dé ahora?

–¿Por qué no? –contestó Minnie–. A lo mejor le levanta el ánimo.

Dentro del taller, las piernas de papá sobresalían por debajo del Mini.

–¿Señor Hughes? –dijo Tom.

Papá soltó un gruñido.

–Señor Hughes, Minnie dice que está usted preocupado porque sus pollos han volado del nido y no había contado los huevos. Así que le he traído esto...

Papá salió a rastras de debajo del coche y miró fijamente a Tom.

–Es un regalo –dijo Tom entregándole la caja.

Papá levantó la tapa de la caja y miró dentro. Y miró y miró como si no pudiera creer lo que veía.

–Son pollos –dijo–. Dos gallinitas.

–Y un paquete inicial de comida para pollos –dijo Tom, sacando el bulto que escondía a su espalda.

Papá puso la caja en el suelo y la inclinó con suavidad para que salieran las gallinas. Ellas se volvieron a meter dentro de la caja y se apretaron juntas en un rincón.

–He pensado que podrían tener gallinas de granja –dijo Tom–. Y vender huevos de granja.

–Pues sí que podríamos –murmuró papá–. Unas cuantas gallinas correteando por aquí nos darían un poco de ambiente.

Pero las gallinas no estaban para corretear. Tom se las había comprado a un hombre que las rescataba de los criaderos, donde vivían siempre en jaulas pequeñísimas. Y ahora sufrían tal agorafobia que no podían salir al exterior.

–Lo siento, señor Hughes –dijo Tom.

–No te preocupes: seguro que salen cuando llegue el momento. ¿Cómo vamos a llamarlas?

Todos miramos a Minnie. Se suponía que ella era el genio.

Minnie miró a la caja.

–¿Cómo vamos a ponerles nombre antes de verlas como es debido? –dijo–. Tendremos que esperar a que salgan.

Llevamos la caja afuera y nos quedamos junto al aspirador, esperando a que aparecieran las gallinas. Su agorafobia debía de ser mayor de lo que pensábamos, porque no salían ni para atrás. La que sí apareció fue mamá: salió de la casa a unos trescientos kilómetros por hora, me plantó a Max en las rodillas y desapareció dentro del taller. La oímos gritar, pero no entendimos ni una palabra. Solo se entendía a papá cuando vociferaba de vez en cuando: «¡Cien libras!».

Aquello duró un rato largo. El cielo se oscureció. Nos entró hambre. Pensé que, si hubiera vendido mi PS2, quizá hubiéramos sacado más dinero y mis padres no se habrían peleado.

Me busqué en los bolsillos por si tenía algo de chocolate y encontré la pelotita que le había comprado a Max. Lo senté en el suelo y la hice rodar hacia él. Se rio, pero lo que le interesaba era el ruido del cascabel, no la belleza de una pelota rodando. De todos modos, seguí haciéndolo. Una o dos veces dio una especie de empujoncillo con el pie, casi una patada.

–Un poco pronto para empezar a adiestrarle con el balón, ¿no crees? –dijo Minnie.

–Si voy a tener que esperar siete años hasta mi próximo partido –contesté–, pienso asegurarme de que sea bueno.

Fue entonces cuando ocurrió. Una batería de faros iluminó de pronto la estación de servicio. Nuestras sombras se proyectaron sobre los surtidores de gasolina y las botellas de butano. Max saltó a mis brazos, asustado. Un Nissan X-Trail (velocidad máxima, 177 kilómetros por hora), un BMW M5 (velocidad máxima alucinante: ¡260 kilómetros por hora!) y dos Toyota HiAce entraron de improviso en la gasolinera. Yo, Minnie y Tom vimos atónitos cómo se acercaban a la cancela que da al monte. Entonces, el conductor del BMW (un hombre muy pulcro, por cierto) bajó el cristal de su ventanilla y dijo:

–Si pudieran abrirnos la cancela, nos harían un gran favor. Muchas gracias.

Todos corrimos a abrir. El hombre pulcro dijo otra vez: «Gracias», y los vehículos empezaron a subir montaña arriba.

–¿¿¡Pero qué carey...!?? –exclamó Tom.

Max se puso a gritar: «¡Coche! ¡Coche! ¡Coche!», que era más o menos lo mismo que yo estaba pensando, aunque también pensaba que aquellos neumáticos no eran buenos para rodar fuera del asfalto.

La puerta del taller se abrió y mis padres salieron. Habían dejado de gritarse y miraban la ladera del monte con los ojos muy abiertos, como los demás. Hasta Marie salió al final.

–Un tráfico insólito en la pista de montaña –dijo–. Probablemente lo más importante que ha ocurrido nunca en la historia de Manod.

No podíamos dejar de mirar. Al cabo de un rato, incluso una de las gallinas sacó la cabeza de la caja.

–¿Adónde irán? –preguntó Tom.

–A ninguna parte –dijo papá–. Quiero decir que ahí es adonde lleva la pista de montaña, ¿no? A ninguna parte.

–A no ser que las hermanas Sellwood hayan decidido de pronto invitar a un montón de amigos.

Pero los coches no pararon en la casa de las Sellwood. Podíamos distinguir de vez en cuando los reflejos de sus faros a medida que serpenteaban por la pendiente. De pronto, desde arriba del todo, muy cerca de la cima, brotó un potente chorro de luz hacia las nubes.

–¡Halaaa! –dijimos todos a la vez.

El haz de luz permaneció inmóvil como un fuego artificial congelado.

–¡Parece un extraño reflector alienígena tratando de localizar a una nave nodriza perdida hace mucho tiempo! –exclamó Minnie.

–Es el Nissan –expliqué yo–. Tiene luces de safari montadas en la baca. Y una guantera térmica para que se conserve caliente la comida que has comprado para llevar.

Y Tom dijo:

–¡Cowabunga!

7 abril

Coches hoy:
LEXUS AZUL: señor Choi (no paró)
BMW M5 NEGRO CARBÓN: el señor pulcro
(podía haber comprado café)

Tiempo: lluvia

Nota: LO MEJOR ESTÁ ENTRE LÍNEAS

En pocas palabras: ¡aún no habían bajado de la montaña!

Tom el Majo empieza a trabajar normalmente a las ocho en punto, pero cuando fui por la leche a las siete en punto, ya estaba en la puerta, mirando a la montaña.

–¿Así que no han bajado? –preguntó.

–Pues no, no han bajado –contesté.

–Me pregunto qué estarán haciendo ahí arriba.

Minnie, naturalmente, tenía cantidad de ideas sobre lo que estaban haciendo.

–Lo más seguro es que sean una organización criminal que está instalando su cuartel general en una montaña inexpugnable desde la que podrán apoderarse del mundo.

–¿Como Shredder el Destructor? –preguntó Tom.

–Un poco como Shredder –respondió Minnie–, pero en plan gente, no ratas mutantes.

Para esas horas, ya había colocado en la pared de su cuarto un gráfico de criminales famosos. En él aparecían Bonnie y Clyde, Al Capone y Vincenzo Peruggia (el que robó la *Mona Lisa*). Se pasaba siglos mirando sus caras.

–Algunos dicen que existe un tipo de fisonomía criminal, ¿sabes? –me dijo–. Que todos los delincuentes tienen un aspecto similar. ¿Tú qué piensas? –preguntó señalando la foto de Toto Riina (el gran jefe de la mafia)–. ¿No crees que se parece un poco a Tom?

–Tom no es ningún delincuente. Solo está frustrado.

–¿Y qué me dices de ella? Yo creo que se parece un poco a mí –insistió Minnie mientras señalaba una imagen de Anne Bonny, la reina de los piratas, que no se parecía a ella en absoluto.

Después del desayuno (otra vez leche amarillenta con grumos), Tom y yo fuimos hasta el aspirador y seguimos mirando a la montaña. La caja de zapatos aún seguía allí, con las gallinas dentro. De vez en cuando las oíamos arañar las paredes.

–Minnie dice que no podemos ponerles nombre hasta que no salgan –dije–. A lo mejor tiene razón. Pero ¿y si no salen hasta que no les pongamos nombre?

–¿Qué quieres decir? –me preguntó Tom.

–Bueno, pues que si tuvieran nombre, podríamos llamarlas. No podemos llamarlas si no tienen nombre, ¿no crees?

–Es que a mí no se me ocurre ninguno –dijo Tom–. No tengo talento para eso.

–Pues ya que las compraste tú, deberíamos llamarlas Donatello y Leonardo, como las Tortugas.

Tom sonrió, y fue la sonrisa más inmensa que he visto en mi vida. Le cambió por completo la cara hasta hacerle parecer una persona distinta.

–Solo una cosa –dijo–. ¿Podría ser Miguel Ángel en vez de Leonardo? Miguel Ángel es el juerguista.

Así que empezamos a llamarlas: «Miguel Ángeeel... Donatellooo...», y en el momento en que lo dijimos, una cabecita negra y plumosa asomó fuera de la caja.

–¡Sí, señor! ¡Mira eso! –exclamó Tom, y la cabecita negra y plumosa volvió a meterse, claro.

Empecé a llamarlas otra vez en voz baja. Por si no lo sabéis, Donatello es la Tortuga lista. Rafael es la Tortuga malhumorada. Leonardo es la Tortuga mayor. Y Miguel Ángel es la Tortuga parrandera. De entrada, todo el mundo prefiere a Miguel Ángel. Es el que come cantidad de pizza y dice: «¡Me encantan las fiestas!» (*Dwy'n hoffi partio!*). Casi todos piensan que lo dice demasiadas veces. Unas diez veces en cada episodio, lo que quiere decir que, si lo viéramos en el Cartoon Network, podría decirlo unas cincuenta veces antes de desayunar. Por eso la gente tiende a perder el interés en Miguel Ángel. Pero Tom no. Y es que es muy leal.

Esa mañana estuve mirando a la montaña hasta que llegamos a la escuela, por si los coches volvían a bajar. Pero no bajaron. Y cuanto más tiempo pasaba, más desconcertante resultaba.

–Te lo dije –me susurró Minnie–. Es una organización criminal internacional. Probablemente estén instalando ahora mismo su estación de seguimiento de satélites.

–La policía no les dejaría –dije yo.

–Los tienen sobornados –replicó Minnie.

Nuestro policía es el sargento Hunter. En realidad solo lo vemos una vez al año, cuando viene de Blaenau para hacerles la prueba de Aptitud Ciclista a los de sexto curso. No parece un tipo que uno pueda sobornar. Pero es verdad que, como dice Minnie, «si una organización criminal internacional quisiera construir una estación de seguimiento de satélites, ¿cómo iba a evitarlo el sargento Hunter?».

Nuestra escuela está hermanada con otra de Malawi que está en un pueblo llamado Gumbi. Hace algún tiempo, los alumnos ahorramos y compramos un ordenador y un módem para esa escuela, así que ahora intercambiamos correos electrónicos con ellos una vez a la semana. La idea era asignarle a cada uno de nosotros una persona para escribirle mensajes sobre la vida en Manod. Nos dieron a cada uno una foto de alguien a quien debíamos escribir. A mí me tocó un chico que se llamaba George. En la foto salía sujetando un balón de fútbol, rodeado de compañeros y debajo de una señal de tráfico que decía: «Bienvenido a Gumbi». Así que hay dos diferencias entre Gumbi y Manod: Gumbi tiene chicos y Gumbi tiene una señal de tráfico.

Este es el email que Minnie escribió a Gumbi aquella semana (era para una chica que se llama Nelly):

Querida Nelly:

Vivimos en un pueblo pequeño al pie de una gran montaña. Tiempo atrás, había una cantera famosa en la cumbre de la montaña. Los hombres que trabajaban allí tenían que levantarse a las cinco para subir a la cantera andando. Ponían piedrecitas blancas por todo el camino para no perderse en la oscuridad. Hace cien años había cuatro mil hombres trabajando allí arriba. Cuatro mil hombres que subían por la pista de montaña, más allá de la casa de las hermanas Sellwood. Es impresionante pensarlo. Su trabajo consistía sobre todo en hacer pizarra para tejados. Extraían la pizarra y la cortaban en tejas allí mismo, al aire libre. Había diferentes tipos de tejas: Emperatriz, Duquesa, Condesa y Gran Dama. En invierno hacía tanto frío que llamaban a aquello el Polo Norte, y tenían que cortar las tejas de pizarra en unas cámaras subterráneas especiales que llamaban *caban crwn*. Por eso se ponían enfermos. Porque, cuando cortaban la pizarra en ambientes cerrados, el polvillo iba derecho a sus pulmones. Casi todos morían antes de cumplir los cincuenta. Eso no suena muy joven, pero quiere decir que en Manod casi nadie tiene abuelo.

Hoy día Manod tiene el índice de delincuencia más bajo del Reino Unido, pero por entonces era más interesante. En 1898 se cometió un sangriento y tristemente célebre asesinato en una de las *caban*. Lo que pasó fue que Thomas Jones y Mary Bruton (33 años) subían caminando a la superficie cuando...

Y la señorita Stannard había borrado todo el resto, así que debía de ser horroroso. Minnie terminaba el email diciendo:

Cuéntanos todo sobre Gumbi. Y especialmente todos los sangrientos y tristemente célebres asesinatos que haya habido.

Eso es lo que escribió Minnie. Y esto es lo que escribí yo:

`Vimos subir por la montaña un BMW un Nissan y dos furgonetas combi Toyota.`

Era lo único en lo que podía pensar.

–Es un poco pobre, Dylan –dijo la señorita Stannard–. Y no muy interesante.

–¿Cómo puede decir eso? Subieron, pero no bajaron. Eso significa que se quedaron allí toda la noche. ¿Dónde durmieron? Allí arriba no hay casas, aparte de la ruina que está junto a la mina. ¿Se metieron en la mina? ¿Qué estaban haciendo allí arriba? Podrían tener una guarida subterránea...

–¿Y por qué no cuentas todo eso?

–Acabo de contárselo.

–En tu carta, quiero decir.

–Bueno, está un poco entre líneas.

–Vale –dijo ella sonriendo–, pues pongámoslo un poco sobre las líneas, ¿no te parece?

Así que escribí:

`Vimos subir por la montaña un BMW un Nissan y dos furgonetas combi Toyota y todavía no han vuelto a bajar.`

La señorita Stannard dijo que era francamente escaso y me mandó que intentara hacerlo más extenso.

–Sé que tenéis unas gallinas nuevas. Podrías escribir sobre ellas.

Luego dijo que sería mejor que me llevara el email a casa y lo terminara allí.

–A lo mejor encuentras algo un poco más interesante que te inspire para escribir –añadió.

Y en eso tenía razón, desde luego.

Cuando volvimos a la estación de servicio, las gallinas estaban en la hierba junto al cartel de ABIERTO. Mamá les había encontrado una vieja conejera, y estaban en ella casi todo el tiempo. A veces salían, pero siempre parecían nerviosas. Al caminar ponían una pata en el suelo y se quedaban quietas, mirando a su alrededor como si estuvieran en un campo minado. En cuanto alguien abría la puerta de la tienda, se metían en ella corriendo. Minnie dijo que era porque les gustaban las luces fluorescentes.

Intentamos sacarlas, pero cada vez que abríamos la puerta, el tin-tan del timbre automático las asustaba y corrían a esconderse tras el expositor giratorio de las pilas. Estábamos intentando echarlas fuera quizá por decimoquinta vez cuando la puerta hizo de pronto tin-tan detrás de nosotros. Miramos y allí estaba: el hombre pulcro del BMW.

–¡Oh! –dijo Minnie.

–¿Le importaría sujetar la puerta abierta un momento? –preguntó mamá.

Él pareció algo perplejo, pero lo hizo. Y Minnie pasó rozándolo mientras perseguía a las gallinas hacia el exterior.

–Lo siento –dijo mamá con toda calma, como si a su tienda vinieran constantemente forasteros bien vestidos para ayudar a expulsar a las gallinas–. ¿En qué podemos ayudarle?

El hombre llevaba la camisa más blanca que he visto nunca; era tan blanca que casi relucía. La llevaba bajo un traje azul del que sobresalían los puños, que estaban abrochados con unos pequeños gemelos relucientes. Sus zapatos también resplandecían. Era la persona más resplandeciente que había visto nunca. Hasta su coche brillaba, lo que era inexplicable considerando que acababa de bajar por la pista de montaña.

–Solo quiero gasolina, si hace el favor.

–Yo se la pongo –dije yo con toda rapidez, porque estaba deseando echarle un buen vistazo al coche.

Solo cuando salí a la lluvia de fuera me di cuenta de que podría haber sido más interesante echarle un buen vistazo al hombre en cuestión. En todo caso, por si realmente queréis saberlo, el coche tenía asientos de napa negra y gris, sistema de navegación por satélite, equipo completo de comunicación y unos sesenta mil kilómetros. Sé que probablemente consideraréis una indiscreción que mirara el kilometraje, pero todo eso forma parte de mi función de investigación de mercado. El BMW de la Serie 5 presenta a veces problemas de consumo de gasolina después de los primeros setenta y cinco mil kilómetros. Por eso pensé que a mi padre le interesaría saber cuántos llevaba recorridos.

Estaba terminando de llenar el depósito cuando Donatello saltó sobre el capó y empezó a picotear la pintura de la chapa. La espanté antes de que la arañara, pero no pude evitar que hiciera sus necesidades. Pensé que más valía limpiar aquello, así que entré de nuevo a por unos pañuelos de papel.

Dentro, el hombre le estaba dando a mamá su tarjeta de crédito.

–Veo que tienen una Gaggia –estaba diciendo–. ¿Podría pedirle que me pusiera un café solo doble?

Mamá estuvo estupenda, claro.

–Ahora mismo no –dijo–, pero en un futuro probablemente muy próximo estaré encantada de hacerlo.

Y yo añadí:

–Si es que sigue usted por aquí en un futuro muy próximo, claro.

Lo veis, ¿no?: más investigación de mercado. Trataba de averiguar cuánto tiempo pensaba quedarse.

–Solo necesitamos conseguir unos filtros. Y algo de café. Y unas tazas –explicó mamá–. Por cierto, también hacemos limpieza en seco.

–Lo tendré en cuenta –respondió el hombre.

–Y podemos ponerle unos neumáticos con descuento –añadí yo.

–Tengo neumáticos, gracias.

–Sí, ya me he fijado –dije yo–. Unos Ceat Tornado. Le irían mejor unos Pirelli P7. Creo que se lo he comentado hace un momento. No sé si le he dicho que la pista de montaña puede ser algo dura de pelar.

–Sí. Bueno, muchas gracias...

Entonces me acordé de decir:

–Ah, y bienvenido a Manod. Máximo índice de pluviosidad del Reino Unido –que es lo que dice siempre papá.

–Supongo que todo el mundo tiene que ser especial en algo –contestó el hombre, y no sé por qué, sospeché que había dicho algo inconveniente. Cuando papá decía lo de la pluviosidad, hacía que sonara bien.

No me di cuenta de qué había dicho mal hasta que intervino Minnie:

–Máximo índice de pluviosidad y mínimo de delincuencia. Puede que las dos cosas tengan relación.

Y entonces el hombre se rio. Buen coco el de Minnie.

–Si necesita cualquier cosa, díganoslo y haremos todo lo que esté en nuestra mano –añadió mamá–. Fotocopias, acceso a Internet, periódicos por encargo... Y gasolina, claro.

–Ya me han puesto gasolina. Por eso le he dado la tarjeta de crédito.

–Naturalmente. Disculpe –farfulló mamá.

Estaba un poco atolondrada porque, detrás del mostrador, Max estaba tirándole de la falda. Lo levantó en brazos.

–Oh –dijo el hombre.

Mamá le miró y vio inmediatamente lo que pasaba: el hombre había visto los ojos de Max. Son enormes, tanto que a veces le da a uno miedo caerse dentro. Mamá sonrió y el hombre dijo:

–*Madonna con Niño.*

¿Madonna? Miré en el estante de las revistas. ¿Querría una revista con algo sobre Madonna? ¿O un póster? ¿O un CD? No teníamos nada de eso.

Mamá le devolvió su tarjeta diciendo:

–Muchas gracias, señor... –y miró la tarjeta para ver su nombre.

–Lester –dijo él.

–Oh. Muchas gracias, Lester.

Mientras el hombre se dirigía hacia la puerta, recordé lo que había hecho Donatello en el capó. Agarré los pañuelos de papel y corrí tras él. Estaba abriendo la puerta del lado del conductor cuando le grité que esperara.

–Las gallinas son de granja –dije mientras limpiaba la cagarruta del capó–. Vendemos los huevos, si le interesa.

–Ahora mismo, no –y se metió en el coche.

–Más vale –cogí a la gallina en brazos–. Todavía no han puesto ninguno. ¿Verdad, Donatello?

El hombre acababa de cerrar la puerta, pero cuando dije aquello volvió a abrirla y me miró fijamente.

–Lo siento –dije.

–¿Qué es lo que has dicho ? –preguntó él.

–Ah, estaba hablando con la gallina, no con usted.

–¿Y la gallina se llama...?

–Donatello.

Siguió mirándome.

Yo me encogí de hombros.

–La otra se llama Miguel Ángel. Ya sé que son nombres de chico y las gallinas son chicas, pero...

–¿A quién se le ocurrió ponerles esos nombres?

–Ah. Ya veo. Pues la verdad es que se me ocurrió a mí. Donatello no me gusta tanto como Miguel Ángel. Conozco mucha gente a la no le gusta Miguel Ángel, pero creo que es una estupidez. Miguel Ángel es inmenso. Son todos fabulosos, ¿no cree? Miguel Ángel, Rafael, Leonardo y Donatello.

–Sí que lo son.

–Cada uno a su modo –añadí yo.

–Cada uno a su modo –asintió–. Ahora tengo que irme, pero me encantaría seguir esta conversación en otro momento –dijo, y cerró la puerta con ese chank tan agradable que solo producen las marcas de auténtica categoría.

Cuando volví dentro, los demás estaban como conteniendo la respiración.

–¿Qué ha dicho? –preguntó mamá.

–Solo ha preguntado cómo se llamaban las gallinas.

–Bien, entonces la cosa ha sido amistosa. Id a buscar a papá. Rápido.

Minnie corrió al taller mientras Marie y yo colocábamos las sillas de camping plegables (adquiridas en el Baratillo Loco del campo del Dynamo de Blaenau, a una libra cada una) formando círculo frente a la tele.

Cuando entró papá, mamá dijo:

–Muy bien, siéntate. Tenemos algo que enseñarte.

Encendió la tele y apareció la grabación en circuito cerrado de la visita de Lester. Las grabaciones en circuito cerrado no son como la tele normal: no tienen sonido y la imagen se mueve como a trompicones, así que no vimos abrirse la puerta. De pronto, zas, Lester estaba dentro de la tienda; zas, junto al mueble de las bebidas; zas, mirando los periódicos...

–Está mirándolo todo a fondo –dijo mamá–. Mira: quiere comprar algo, observa... Pero no encuentra nada que le apetezca.

–¿Quién es? –preguntó papá.

–Es un nuevo cliente –contestó mamá.

–El que estaba en la montaña –añadí yo.

Papá se acercó a la pantalla.

–¿Por qué tiene los zapatos tan relucientes?

–Porque alguien les habrá sacado brillo.

–¿Quieres decir que eran así de brillantes? Pensaba que la cinta tenía algún defecto.

–Eran realmente así de brillantes.

–Haga lo que haga en esa montaña –dijo papá–, no está cuidando las ovejas.

Seguimos mirando la grabación.

–Mira, eso es cuando se fijó en la máquina del café –dijo mamá–. Si funcionara, habría pedido uno. ¿Lo ves? Es lo que yo dije: esta Gaggia va a meternos los clientes en casa.

–¿Encargó algún periódico? –preguntó papá.

–No.

–Entonces no va a quedarse por aquí. Un tipo con unos zapatos así tiene que leer el periódico todos los días. Si pensara quedarse, habría encargado periódicos –empezaba a sonar gruñón otra vez, como el día en que se marcharon los Ramanan–. Vamos, chicos, a hacer los deberes.

Pero, en cuanto lo dijo, la puerta volvió a hacer tin-tan. Todos nos volvimos y ¿quién diríais que había entrado? Ni más ni menos que Lester. Pareció bastante sorprendido al ver el círculo de taburetes de camping alrededor de la tele. Se hubiera sorprendido más aún si llega a saber que estábamos mirándolo a él, pero mamá cambió enseguida al botón de grabación en vivo del exterior, así que lo único que aparecía en la pantalla eran su coche y la parte de atrás del equipo de lavado a presión. Aunque, ahora que lo pienso, eso tal vez le pareciera todavía más extraño.

–¿Dijo usted algo sobre encargar periódicos? –preguntó.

–Sí –respondió mamá.

–Me gustaría el *FT*, si puede conseguirlo.

Mamá pareció un poco desconcertada, pero papá dijo:

–Oh, ningún problema. *FT*. ¿Durante cuánto tiempo lo quiere? ¿Solo un día? ¿Dos días? ¿Semanas?

–Pues... Hasta nueva orden, supongo.

Luego se despidió de todos, y a continuación me miró y me dijo adiós por separado.

Esperamos hasta oír que el motor se ponía en marcha. Luego, mamá dijo:

–¿Qué es el *FT*?

–El *FT* es... Es algo que no viene al caso –contestó papá–. La señora Porty lo sabrá. Lo que importa... ¡lo que importa es que tenemos un nuevo cliente! ¡Un cliente fijo recién estrenado! ¡Hasta nueva orden!

–Gracias a la Gaggia –dijo mamá.

–¿Cómo que gracias a la Gaggia? Ha pedido un periódico, no un café.

–Pero habría pedido un café si lo hubiéramos tenido.

–¡Si lo hubiéramos tenido! Podría haber comprado un caballo de carreras si lo hubiéramos tenido. ¿Qué tal si ponemos una pequeña caballeriza, por si acaso?

–La Gaggia es la que marca la pauta, ¿sí o no? Y es porque el tipo tiene clase, por eso. Vio la Gaggia y pensó: «Esa es la clase de gente con la que puedo entenderme. Gente que pone cafés con un copete de espuma, no gente de tasca cutre».

Papá la miró. Luego miró a la Gaggia y dijo:

–Sí. Ha sido por ella. Todo gracias a la Gaggia.

Y así supimos que había terminado la pelea, lo que estuvo muy bien.

Luego, todos miramos la grabación en circuito cerrado una vez más, para que nos diera suerte.

8 abril

Coches hoy:
LAND ROVER: señor Morgan
MONTEGO ESTATE AZUL: señora Porty
(vino con los periódicos y le apeteció un café.
Dijo que volvería más tarde a tomarse uno)
FIAT MULTIPLA: señor Arthur, el de la revista
(lleno, café con leche)
¡¡¡VEINTIUNA FURGONETAS COMBI BLANCAS!!!
FORD KA ROJO: señorita Stannard (paró a comprar
chocolatinas y acabó pidiendo un chocolate caliente)
LEXUS AZUL: señor Choi (paró para comprar gasolina,
no quiso café)
DAIHATSU COPEN VERDE: señora Egerton
(vino a ver la máquina del café, dijo que
no le gustaba su aspecto y pidió una taza de té.
No hacemos tés. Tom le hizo uno, solo por esta vez)
VAUXHALL ASTRA ESTATE 1.9 CDT: señor Davis
(primera visita a la tienda. ¿Posible nuevo cliente?)

Tiempo: agua aquí abajo. Más arriba, sol

Nota: A VECES EL SOL ESTÁ MÁS CERCA
DE LO QUE UNO CREE

Esa misma tarde, papá volvió de Paga & Corre, el mayorista, con café, filtros, vasos de parafina, betún para zapatos («Porque ese hombre no puede llevar unos zapatos así sin darles lustre») y un tapón para la Gaggia.

Mamá volvió de la Tienda Benéfica del Equipo de Rescate de Montaña de Snowdonia con un libro titulado *La cabalgata del café* (20 peniques), que explicaba cómo hacer toda clase de cafés diferentes, y también trajo –genial idea– un *Manual del usuario* del BMW M5.

–No es que estemos deseando que a ese precioso coche le dé un soponcio –dijo–, pero es mejor estar preparados.

Papá se quedó con ese libro y le dio a Tom el del café diciéndole:

–Lee esto con atención. Tu carrera en la hostelería está a punto de empezar.

Tom le dio las gracias y llamó a su madre para contárselo.

Por cierto, *FT* son las iniciales del *Financial Times.*

A la mañana siguiente esperamos un siglo, pero el hombre reluciente no apareció. Solo vino el señor Arthur, el de la revista, en su Fiat Multipla (velocidad máxima, 175 kilómetros por hora). Me resultó interesante. Siempre había querido ver de cerca un Fiat Multipla porque tiene tres asientos delante, cosa nada habitual. Y además, con su capó chato y sus luces muy separadas, parece realmente una tortuga.

El señor Arthur es el director del *Manod Mensual*, nuestra revista local. Antes se llamaba *Manod Semanal*, pero en Manod no hay suficientes noticias para llenar una revista todas las semanas.

–Eso es porque la mayor parte de las noticias son crímenes –dijo Minnie– y, por desgracia, en Manod escasean los crímenes.

–Lo de «por desgracia» no lo veo claro –protestó papá.

–¿Verdad, señor Arthur, que le gustarían más crímenes? Así tendría algo de lo que escribir.

–Iba a escribir sobre esos visitantes –respondió el señor Arthur–, pero no hay nada que contar. Excepto que están aquí, claro. Y eso ya lo sabe todo el mundo. Voy a tener que escribir sobre ti, Dylan.

Al principio pensé que estaba de broma. Pero era verdad que quería escribir sobre mí.

–El único chico que queda en Manod –dijo–, y no tienes a nadie con quien dar unas patadas. Debe de ser interesante.

La verdad es que yo no estaba seguro de que fuera tan interesante.

–Yo juego al fútbol con él –intervino papá, aunque no era rigurosamente cierto–. Si está usted buscando algún tema, ¿por qué no escribe sobre la necesidad de una nueva señal para Manod en la A496?

–La señal no es una prioridad informativa, señor Hughes –contestó el señor Arthur–. Todos los que pueden estar interesados en lo de la señal lo saben ya. En cambio, un chico que no tiene a nadie con quien jugar al fútbol sí que es un reportaje.

–Podré jugar con Max en cuanto sea lo bastante mayor –dije yo–. Ya casi tiene un año.

–De modo que pasarán seis años antes de que juegues –escribió algo en su bloc de notas–. Bien, ya tengo mi titular. Ahora, a por la foto.

Sacó su cámara y al instante, como por arte de magia, Marie estaba de pie junto a mí.

–No puede usted sacarle una foto con semejante aspecto –dijo–. Ni siquiera se ha cepillado el pelo. Cuando se sacan fotos para los periódicos, la gente pasa horas maquillándose y escogiendo ropa y...

–Ya, pero yo tengo que estar en Traswynydd a la hora de comer.

–No tardará nada –dijo Marie–. Tom le hará un café, ¿verdad, Tom?

–Claro que sí –dijo Tom–. ¿Qué prefiere: cappuccino, espresso...?

–No, de verdad. Es que tengo que asistir a un funeral.

–Americano, moka, mokaccino...

–No puedo, Tom, de verdad. Gracias de todos modos.

–Por favor –rogó Marie–. Déjeme que le cepille el pelo por lo menos.

–De acuerdo. Me tomaré un café, gracias. Un café normal, pero con leche y en vaso.

–Entonces será un latte –dijo Tom.

–Y yo tomaré un espresso, Tom –dijo papá.

Marie me arrastró adentro, me hizo subir hasta el dormitorio que comparte con Minnie y a continuación se puso a cepillarse su propio pelo.

–Creí que era mi pelo el que necesitaba un cepillado –dije.

–Yo también voy a salir en la foto, ¿no? ¿Acaso no quieres que salga tu hermana en la foto?

Se estuvo cepillando el pelo durante unos cien años y luego empezó a frotarse la cara con la almohadilla del colorete. De vez en cuando me miraba y decía:

–Vamos, date prisa.

Yo estaba muy interesado en echar un vistazo al cuarto de las chicas, porque normalmente no me dejan entrar. Una pared estaba cubierta de fotos pequeñas.

–Son de la sección «Ponte mona» de la revista *Closer* –me explicó Marie–. Dan consejos de belleza para cada parte del cuerpo: ojos, dientes, uñas de las manos, uñas de los pies... Todos los pormenores relacionados con el cuerpo femenino.

Los recortes eran interesantes de cerca, pero alejándote lo eran más aún porque Marie los había colocado de manera que formaban el cuerpo de una mujer sobre la pared. Tenía talento para la presentación, eso desde luego.

Cuando terminó, me hizo que la retratara con una cámara Polaroid.

–¿Para qué?

–Para ver qué tal estoy.

–Mírate en el espejo.

–En las fotos se ve una de otra forma –dijo–. La cámara te añade un par de kilos.

–Siento haberle hecho esperar, señor Arthur –dijo Marie cuando bajamos, y le dirigió una sonrisa del tamaño del radiador de un Mercedes.

–No pasa nada –dijo el señor Arthur–. Ha valido la pena.

Y sacó una foto.

–Haga otra más –dijo Marie–. De perfil.

Se puso de perfil con la mano en la cadera. Al final le hizo sacarle un millón de fotos en varias posturas hasta que él dijo:

–Tengo que irme corriendo, de verdad, antes de que se acabe el funeral.

Marie le preguntó cuándo aparecería en la revista, y le hizo prometer que le mandaría copias en papel. Más o menos una semana después, el señor Arthur le envió una muy bonita en la que le brillaban los dientes y el pelo. Eso compensaba con creces el haberla dejado fuera de la foto de la primera página de la revista. Ahí salía yo solo junto al surtidor de gasolina, con un balón de fútbol bajo el brazo y el titular: «El chico más solo de Gales». Por cierto, puedo confirmar que el Fiat Multipla tiene tres asientos delante. Lástima que el del conductor esté en el sitio de siempre. Si estuviera en el medio, sería la mundial.

Tom les había hecho su latte al señor Arthur y su espresso a papá. Creyó que la máquina estaba rota porque hizo un espresso como un dedal, así que siguió apretando el botón hasta que llenó un tazón, y mi padre se lo bebió. Después de eso, se puso bastante agitado y nos dijo a Minnie y a mí que nos fuéramos a la escuela.

–Querido, el café te está poniendo nervioso –dijo mamá–. Ve a beberte un vaso de agua, anda.

–No, no, no, no. Voy a entregarle el periódico en mano. No podemos descuidar la atención al cliente. Dylan, sube al coche.

–¿No me has dicho que vaya a la escuela?

–No, lo que quiero es que vengas conmigo. Le has caído bien. Le llevaremos este periódico y un cappuccino. En eso consiste la atención al cliente, en dar un paso más. ¿Sí o no?

Minnie dijo que ella también venía.

Mamá le dijo a papá que era una bobada subir toda la montaña con una taza de café. Era antieconómico, y además se habría enfriado para cuando papá llegara arriba.

Cuando papá le contestó, hablaba tan deprisa que nadie entendimos una palabra. Así que salió y se metió en el Mini Cooper.

–¿Puedo ir delante? El coche se llama como yo –dijo Minnie.

–Sí –dijo papá.

–Pero delante van los mayores. Debería ir yo delante –dije yo.

–Sí –repitió papá. Se ve que tenía la cabeza en otra parte.

Aparté a Minnie, me senté en el asiento delantero y me amarré el cinturón. El interior era sorprendentemente lujoso, con cantidad de falsa madera de nogal y olor a cuero. También era sorprendentemente pequeño. Me sentí como un huevo en una caja de huevos. Pregunté:

–¿Estás seguro de que deberíamos subir la montaña con esto? Quiero decir, ¿qué potencia tiene este motor?

–Si no te gusta –dijo papá–, ponte detrás.

No lo hice. Pero hubiera debido hacerlo. Cada vez que había un bache en el camino, botábamos sobre él como un balón de fútbol. En una ocasión hicimos un trompo total. Papá parecía disfrutar a tope con ello.

–¡Igual que en *Un trabajo en Italia*!

–¿Qué trabajo en Italia? –le pregunté, tratando de entablar una conversación para apartar de mi mente la idea de que podíamos dar un bote que nos sacara del camino definitivamente.

–¿No conoces *Un trabajo en Italia*? Es una peli sobre un grupo de delincuentes que comete un gran atraco en Milán. ¿O es en Turín? En fin, en alguno de esos sitios. Y consiguen darse a la fuga paralizando todo el tráfico.

Producen un embotellamiento colosal y se fugan en varios Mini Cooper, porque los Mini pueden bajar escaleras y meterse por pasos subterráneos, desagües... cualquier sitio. Espléndida.

Minnie se inclinó hacia delante (lo que fue francamente valeroso por su parte).

–¿Cuánto consiguieron llevarse? –preguntó.

–Millones. Eran lingotes. Trincaron lingotes.

–¿Lingotes de oro?

–Un buen montón. Toneladas.

–¿Y se salieron con la suya?

–Pues sí. Bueno, más o menos. Tendrías que verla. Trabajaba Michael Caine.

–Ah –dijo Minnie, decepcionada–, era una película. Creí que hablabas de un atraco de verdad.

Normalmente, desde Manod no se distingue la cima de la montaña, porque suele estar cubierta de nubes. Y también las laderas. Y muy a menudo, también lo de abajo. En Manod, las nubes están a veces tan bajas que hay que atravesarlas para ir al retrete del piso de arriba. Ya sé que suena emocionante eso de ir en coche atravesando las nubes, pero en realidad es como atravesar montones de trapos de fregar sucios y grises. Pasamos tanto rato cruzando aquel gris que empezamos a sentir que nos volvíamos grises nosotros mismos.

Un corderito blanco saltó de pronto delante del coche. Papá frenó y tocó el claxon, y el cordero salió corriendo. Como suele ocurrir, corrió justo hacia delante, por el medio del camino, así que tuvimos que seguir tras él. Como dijo Minnie más tarde en su carta a Gumbi: «Avanzamos a velocidad de cordero por el turbio aire del planeta Traposucio durante lo que pareció toda una vida, hasta que, de sopetón, nos encontramos fuera, por encima de la nube, en las últimas pendientes del monte Manod».

¿Y sabéis qué? ¡Hacía sol! En Manod había llovido casi sin parar desde febrero, por lo que ir en coche bajo el sol era como... Bueno, imaginaos que abrís un armario en la cocina y encontráis una playa.

Papá bajó las ventanillas. El tonto del corderito corrió de nuevo hacia la nube. Después de todo aquel gris, el verde de la hierba y el blanco de las ovejas parecían los colores más vivos que había visto nunca. Incluso la pizarra había dejado de parecer gris. Era de un negro azulado con reflejos plateados, como un viejo Mercedes lavado y encerado.

Por la ventanilla trasera solo se veía el sucio plumón de las nubes apelotonadas en el valle y el monte Blaenau sobresaliendo en la distancia.

Ante nosotros, la pista de montaña era un puzle de tierra apisonada y hierba que crecía entre las grietas como el pelo de un mohicano. A la izquierda se veía una vieja cabaña del pastor.

–Tiene que estar ahí dentro –dijo papá, que ya no hablaba tan deprisa–. No hay ningún otro sitio.

Al acercarnos vimos a dos hombres con chaquetas de color naranja. Uno de ellos montaba un quad. Estaba empezando a entusiasmarme cuando papá detuvo el coche.

–¿Qué?

–Mira.

Una alambrada de espino atravesaba el camino y la ladera del monte.

–Han cercado toda la cima de la montaña –dijo papá.

Salimos los tres del coche y miramos por encima de la alambrada. El hombre del quad se acercó a nosotros. Pareció tardar años en llegar, y cuando lo hizo, no se apeó ni se quitó el casco.

–¿Puedo ayudarles en algo? –preguntó.

Su voz dejaba claro que no nos ayudaría aunque estuviéramos a punto de despeñarnos.

–Bonita mañana –dijo papá–. Le hemos traído su periódico a Lester.

–Y su café –dije sujetando la taza.

–Pásenmelo. Yo se lo haré llegar.

–Es que... el café se va enfriar.

–Yo se lo haré llegar.

–Esa alambrada... –dijo Minnie.

–Es provisional. Disculpen las molestias. La retiraremos en cuanto hayamos consolidado las instalaciones.

–¿Qué instalaciones son esas? –preguntó papá.

–Las nuestras –respondió el hombre de naranja.

A continuación, dejó el *FT* sobre el asiento y puso el cappuccino en un práctico portabebidas que tenía bajo el manillar y se marchó.

–Bien: si este no es el cuartel general de unos criminales, no se me ocurre otro más perfecto –susurró Minnie, y señaló dos siluetas que había junto a la vieja cabaña.

Al principio era casi imposible verlas, porque eran del mismo color que la hierba y las piedras. Pero si mirabas con insistencia, acababas por distinguir dos cúpulas, una a cada lado de la cabaña. Eran como grandes tiendas, pero no eran endebles ni se movían con el viento. Estaban hechas de algo sólido, como dos caparazones.

Vi al hombre del casco dirigirse sin prisa en su quad hacia una de las cúpulas y luego entrar en ella.

–¡El Tecnódromo! –dije yo, porque eso es lo que parecía.

En caso de que no lo sepáis, el Tecnódromo es el cuartel general de Arco Saki, el archienemigo de las Tortugas Ninja, también conocido como Shredder el Destructor. Consiste en una gran bola metálica, redonda y fuertemente armada, con habitaciones en su interior. Es como un edificio rodante. Solo que estos probablemente no rodaran. Papá y Minnie no sabían lo que era el Tecnódromo, así que no dijeron nada. Papá estaba mirando hacia el valle, y luego miró al cielo.

Al cabo de un rato, Minnie empezó a apurarse: quería ir a la escuela.

–Vale, vale –asintió papá–. Pero no deja de ser curioso esto de estar en un sitio bonito y soleado y volver a meterse en la lluvia voluntariamente. ¿Sabéis que hay sitios en el mundo donde el tiempo es siempre así? Luminoso y cálido.

–Como Gumbi –dije yo–. Allí casi nunca llueve.

–O como aquí –añadió Minnie–. Parece como si aquí arriba siempre hiciera sol. Mira lo seca que está la hierba.

–Pues sí –dijo papá–. Esto me ha animado una barbaridad.

Y me sorprendió un poco que dijera eso, la verdad. ¿Por qué necesitaría animarse?

Conque volvimos a bajar a través del planeta Traposucio sin decir nada, volviéndonos grises en silencio. De pronto, aparecieron frente a nosotros dos grandes faros en la niebla. Algo enorme se dirigía hacia nosotros por la pista grisácea. Papá hizo destellos con las luces y tocó el claxon. Las luces dejaron de moverse y nosotros también.

–Me pregunto quién será –murmuró mi padre–. Supongo que dará marcha atrás.

No ocurrió nada.

–Dylan –dijo papá–, vete y diles que es más fácil para ellos dar marcha atrás cuesta abajo que para mí dar marcha atrás cuesta arriba. Vamos.

En cuanto salí del coche, me sentí como en un mundo diferente. Casi no podía verme la mano frente a la cara, pero oía las revoluciones del motor del vehículo y hasta sentía su calor en el aire húmedo, lo mismo que el secador de manos en los aseos de los clientes. Avancé cuatro o cinco pasos antes de ver el vehículo: la parte frontal de una furgoneta asomaba entre la niebla, como un enorme regalo saliendo de su envoltorio de papel de seda. No podía ver toda la furgoneta, pero estaba claro que era igual que las que habíamos visto unos días antes. Tenía un letrero escrito en la puerta: F&V.

–¿Hola? –grité.

Oí cómo bajaba una ventanilla y desde la niebla una voz gritó:

–¿Hola?

No pude ver ninguna cara.

–Mi padre dice que es más fácil para usted dar marcha atrás cuesta abajo que para nosotros hacerlo cuesta arriba.

–Dile a tu papá que se equivoca.

Lo pensé durante un momento y luego dije:

–¿Está usted seguro? Mi padre no suele equivocarse.

–Quizá esté perdiendo facultades, ¿vale?

Y eso fue todo. Pude oír cómo volvía a subir la ventanilla.

Papá estaba enfadado. Repetía: «No veo ni pajolera jota» mientras daba botes al meterse en la hierba. El motor de la furgoneta carraspeó y los grandes ojos amarillos avanzaron dando tumbos. Pasaron ante nosotros en la niebla. Cuando desaparecieron, papá se dispuso a arrancar el Mini, pero se detuvo. Otro par de grandes ojos amarillos se aproximaba: una segunda furgoneta pasó rugiendo y levantando grandes pellas de tierra y hasta piedras.

–Demonios babilonios –masculló Minnie.

Luego pasó otra. Seguida por una cuarta, y después una quinta, una sexta, una séptima...

Fueron veintiuna. Más las dos que ya había arriba. O sea, veintitrés grandes furgonetas en lo alto del monte Manod. Cuando estuvimos seguros de que había pasado la última, bajamos por fin hacia el pueblo. Pero Minnie y yo nos tiramos todo el viaje mirando por la ventanilla de atrás. La niebla estaba salpicada de las luces rojas de los pilotos traseros.

Cuando llegamos a la estación de servicio, estaba atestada de coches. Había tantos que apenas pudimos llegar hasta la puerta. En Manod todo el mundo había visto a las furgonetas subir por la calle mayor y luego girar a la izquierda, hacia la montaña. Todos sabían que algo estaba pasando, y todos pensaban que nosotros debíamos saber qué era.

La señora Porty estaba en el mostrador diciendo:

–He oído que es un repetidor telefónico, una cosa terrible porque todo el mundo sabe que emiten radiaciones y, aunque ahí arriba no hay gente, viven tejones.

Mamá tenía en brazos a Max. Parecía cansada y de mal humor.

–Me temo que no puedo serle útil, señora Porty –dijo.

–Bueno, pues yo he oído –intervino el señor Morgan– que va a ser un búnker para el gobierno por si se da un ataque en toda regla. Los traerán aquí a todos en helicóptero y tendrán coches de la policía para subirlos a la montaña. Las furgonetas estaban transportando comida, cosas como latas y alimentos deshidratados. Y podrán estar allí arriba cómodamente durante un año y medio.

–¡Como Baxter Stockman! –exclamó Tom, y todos le miraron–. El que hizo las ratas robot, que podían devorar metal –explicó–. La gente creía que solo tenía unas pocas. Pero April O'Neil encontró una cueva subterránea que estaba completamente llena de ellas. Cientos de ellas, todas quietas allí, esperando.

Todos le seguían mirando.

–Pasaba en las Tortugas –aclaró Tom.

–Ah, ya –dijeron todos.

Entonces dijo Bill Evans:

–Pues lo que yo he oído son buenas noticias.

Hubo unos momentos de silencio.

–He oído que todas esas furgonetas y demás han ido allá arriba para volver a abrir la cantera –continuó–. Va a haber trabajo en Manod. Eso es lo que yo he oído. ¿Qué os parece?

–Eso estaría muy bien –asintió mamá.

–La otra noche vino gente joven –dijo el señor Choi–. Por lo visto venían de Blaenau. En busca de una buena cuchipanda, decían. ¿Será eso, a lo mejor? ¿Jóvenes alborotadores?

A mamá se le notaba que ya estaba harta de aquello. Iba a echarlos afuera a todos, lo que hubiera sido desperdiciar una excelente oportunidad de negocio. Así que fue bueno que papá entrara y dijera bien alto:

–Podrían preguntarnos a nosotros. Acabamos de estar allí.

Todos dejaron de hablar al momento.

Papá levantó las manos y dijo:

–Antes de empezar, ¿quién quiere un café? ¿Y de qué tipo?

Nadie dijo una palabra durante un minuto. Luego, la madre de Tom pidió un latte desnatado descafeinado. Todos se quedaron mirándola. No sabían que Tom le había estado leyendo por teléfono *La cabalgata del café*.

El señor Morgan carraspeó y pidió otro.

–¿Latte desnatado descafeinado?

–Café.

–Marchando.

Mamá anotó el pedido, papá hizo los cafés y yo se los serví a la gente. Fue un gran trabajo de equipo. Miré de reojo a mamá para ver si se iba animando. Papá le había dado un gran mokaccino con copete espumoso y ralladuras de chocolate. Él parecía un genio de cuento, envuelto en un torbellino de vapor.

–Residuos tóxicos –decía la señora Porty–. Eso es lo que yo he oído.

–Pues yo no diría eso –dijo papá–. Han puesto una alambrada alrededor de la vieja cantera. Se han tomado muy en serio la seguridad, y no creo que lo hubieran hecho si se tratara de residuos tóxicos. ¿Quién querría robar residuos tóxicos?

Siguió la conversación y, de pronto, la puerta hizo tintan. Todos se volvieron y vieron al señor Davis, el carnicero. La sorpresa fue tal que nadie dijo ni pío. El señor Davis nunca había entrado en nuestra tienda, y eso que llevaba abierta once años. En realidad, tampoco ahora lo hizo: se limitó a asomar la cabeza tras la puerta y farfullar:

–Yo sé lo que se está tramando ahí arriba. No crean ustedes que no.

–Entonces, quizá no le importe contárnoslo, señor Davis –dijo la madre de Tom.

–Y sé que están todos ustedes metidos en ello, no crean que no –prosiguió él–. Mean todos en el mismo tiesto, lo sé muy bien.

Y se marchó.

Los clientes miraron a papá, que se encogió de hombros.

–No he meado en un tiesto en mi vida.

Todos se echaron a reír.

Y entonces sonó el teléfono y todo el mundo volvió a callarse. Papá contestó y la gente se inclinó hacia delante, tratando de oír lo que le decían. Era un hombre, eso estaba claro. Y papá estaba siendo muy cortés con él, diciendo cosas como: «Desde luego, no faltaba más. De verdad que no. Por descontado».

Estaba claro que era él. Cuando papá colgó, todos empezaron a hacerle preguntas al mismo tiempo. Mi padre se llevó un dedo a los labios y les hizo callar.

–Ha dado las gracias por la prensa y el café. Dice que estará encantado de venir a por ello en persona, así que no es necesario volver a subírselo.

–¿Lo ven? –dijo la señora Porty–. Tienen algo que ocultar. Es lo mismísimo que ocurrió en Llechwedd con el parque eólico...

–Pero... –siguió papá, y todos volvieron a callarse– dice que, si no es un problema y Dylan quiere subir mañana, tiene allí una cosa que puede interesarle al muchacho.

Los clientes se volvieron hacia mí al mismo tiempo y me miraron.

La señorita Stannard parecía perpleja.

–Yo creo que no te he visto interesarte jamás por nada, Dylan –dijo.

–¿En qué estás interesado, Dylan? –preguntó la señora Porty.

Me encogí de hombros.

–Hablé con él de gallinas.

–¿De gallinas?

–De gallinas.

9 abril

Coches hoy:
Todos. Todos y cada uno de los coches de Manod y las granjas circundantes.

Tiempo: soleado a intervalos. Bueno, un intervalo soleado. Aparte de eso, lluvia

Nota: QUÉ VERSÁTILES SON LOS HUEVOS

Recuerdo este día por lo inesperado que fue. Normalmente nadie se fija en mí lo más mínimo, pero de repente toda la gente de Manod me miraba. Cuando salí de la escuela, el Tocho Evans estaba en la estación de servicio hablando con papá sobre los ruidos de su caja de cambios.

–Claro que, si lo de la cantera va bien, puede que no necesite otra caja de cambios –dijo, ¡y me guiñó un ojo!–. ¿Así que vas a enterarte tú por nosotros, joven Dylan? ¿Vas a ir a ver qué pasa allí arriba?

–No puedo –contesté–. Tengo que ir al cole.

–El cole puede esperar un poco, ¿no? –dijo papá.

–La verdad es que no.

–La escuela es importante. Pero podría resultar un poco grosero no subir al monte: él te lo pidió, y dado que es un visitante de este pueblo...

–Tengo que irme –me limité a decir.

Y me fui.

El señor Morgan me adelantó en la calle mayor con su Land Rover. Disminuyó la velocidad y se asomó por la ventanilla.

–¿Has estado ya arriba, joven Dylan? –preguntó.

–No. Tengo clase –contesté.

–Me parece muy bien. Sin presión ninguna –dijo.

Al principio pensé que estaba hablando de sus neumáticos, pero, al pasar por delante de Mister Chipz, el señor Choi estaba abriendo y me preguntó también si ya había estado arriba.

–No puedo. Hay escuela.

–Cuando tú estés dispuesto. Sin presión.

Al llegar a la entrada del colegio, todo o casi todo el mundo se puso a preguntarme. Era como si Manod entero hubiera perdido la chaveta. Meterme en la clase fue un alivio. Mejor dicho, hubiera sido un alivio si la señorita Stannard no hubiera dicho:

–Vaya. Llegas temprano, Dylan Hughes.

–No, no llego temprano.

–Antes de lo esperado. Pensé que ibas a subir a la montaña.

–No he podido –dije.

–¿Por qué no?

–Pues... porque tengo clase –para ser sincero, me extrañó tener que explicárselo.

–Ah... –se me quedó mirando un rato largo, como si estuviera tratando de resolver un enigma, y luego dijo–: ¿Terminaste la carta a nuestros amigos de Gumbi?

Negué con la cabeza. Evidentemente, no lo había hecho: la tarde anterior había sido movidita.

–Vale, de acuerdo –dijo la señorita Stannard–. Como parece que te está resultando difícil imaginar cosas sobre las que escribir, te sugiero que subas a lo alto de la montaña, veas lo que está pasando allí y escribas sobre ello.

–¿Cómo? ¿Así por las buenas, seño? ¿A lo alto de la montaña? ¿Yo solo?

–Estoy segura de que a tu padre le encantará ayudarte a hacer los deberes. Voy a mandarle un mensaje.

Papá me recogió en el cole y los dos subimos a la montaña. Cuando atravesamos la nube y llegamos al sol, papá detuvo el coche un momento, salió y caminó un poco bajo el sol. Me preguntó por qué no me unía a él, pero yo preferí quedarme en el coche.

Luego, papá condujo hasta la alambrada, hizo señales con las luces y los vigilantes vinieron dando tumbos en sus quads. Pensé que nos iban a volver a echar, pero papá dijo:

–Tenemos...

–Ya sé, ya sé –refunfuñó el del casco.

Desenganchó el alambre y cruzamos al otro lado. Pasamos ante un largo cobertizo en cuyo interior había unos seis hombres de pie y hacia el que trotaban unos cuantos más.

–Cuando esto era una mina, ahí estaba la cantina –me explicó mi padre.

Nos bajamos del coche y entonces vi por qué trotaban aquellos hombres: ¡corrían detrás de un balón de fútbol! Uno de ellos lo alcanzó, se volvió y lo chutó hacia atrás. El viento lo desvió y vino hacia mí, girando por el aire. Miré y vi que todos los hombres habían levantado las manos y gritaban: «¡Aquí! ¡Aquí!». Pensé que, si lo hacía bien, a lo mejor me invitaban a jugar con ellos. Y justo estaba preparándome para chutar cuando algo sucedió. Todos los hombres bajaron las manos y se dirigieron hacia el cobertizo. Miré a mi espalda: Lester se acercaba caminando a nosotros. Nos saludó cortésmente.

–Buenos días –respondió papá–. ¿Qué tal el *FT*?

–Ah, sí. Muchas gracias por traérmerlo.

–¿Y la gasolina? La gasolina sería buena, espero.

–Sí, sí, la gasolina era estupenda –dijo Lester, que parecía algo desconcertado–. Excelente. Tengo aquí algo que pienso que podría interesarles –y al darse cuenta de que yo agarraba el balón, añadió–: Puedes dejar la pelota aquí, en la hierba.

Y se acabó. Ni siquiera pude darle una patada. Seguimos a Lester hacia la vieja cantera. Papá no paraba de darme codazos y de chistarme para que mostrara interés y fuera cortés.

–¿Ves? ¡Vamos a meternos dentro de la montaña! No he estado ahí desde que tenía tu edad. Solíamos venir hasta aquí a jugar y hacer gamberradas. Luego cubrieron la entrada con esas jaulas. Esto va a estar muy bien.

Pero yo hubiera preferido dar unas pataditas.

Al entrar en la montaña, no pude evitar pensar en Walter Stockman y su cavernosa guarida llena de ratas robot. Agarré a papá de la mano. Pero en realidad, ni allí había robots ni aquello era cavernoso. La verdad es que resultaba bastante acogedor: era una especie de túnel, con suaves luces amarillas en las paredes y una brisa tibia que soplaba desde alguna parte. En el suelo se veían carriles de tren.

Por todas partes había grandes cajas de madera apiladas. Dos hombres con chaquetas fluorescentes de color naranja agarraron una y la colocaron encima de unas ruedas. Luego se pusieron uno delante y otro detrás y la hicieron rodar por los carriles hacia el interior de la montaña. Lester los observó hasta que no fueron más que dos puntitos naranja, y luego nos sonrió y dijo:

–Por aquí.

Una caja de madera iluminada por un gran foco estaba apoyada contra la pared. Nos hizo colocarnos justo frente a la caja. Ya no se podían ver los puntitos naranja, pero aún se oía el retumbar de las ruedas sobre los raíles. Lester levantó la tapa del embalaje y se apartó.

El interior de la caja de madera resultó todavía más inesperado que el interior de la montaña. No eran alimentos deshidratados ni residuos tóxicos.

Era una imagen: el retrato de una mujer que intentaba leer un libro. La cara de la mujer era en color, pero su ropa estaba en blanco y negro, y le faltaba la parte superior de la cabeza. Pero lo más extraño era que uno de los pechos le asomaba fuera del vestido, como se ve algunas veces en las portadas de las revistas. Miré a papá. Lester nos miró a los dos y a continuación dijo:

–La *Madonna de Manchester*.

–Ya –dije yo, y volví a mirar a papá; a mí no se me parecía nada a Madonna.

–De Miguel Ángel –añadió Lester.

–Ya.

–Quizá no la hayan visto ustedes antes de ahora. La obra no es tan conocida como algunas otras. Y tiene una curiosa relación con ese Miguel Ángel suyo con plumas: esto es témpera.

–Ya.

–Es decir, que está hecho con huevo.

–¿Que esto está hecho con huevo? –exclamó papá.

Aquello tenía que ser el mayor disparate del mundo. Había empezado a creer que Lester estaba tan pirado como el loco de Baxter Stockman. Como me daba un poco de miedo mirarle a los ojos, desvié la mirada hacia la mujer del retrato. A lo lejos empezaron a oírse gritos: los hombres de fuera debían de haber empezado a jugar al fútbol otra vez.

Lester seguía hablando.

–Sí, sí. Los demás hacemos tortillas con ellos, pero Miguel Ángel hizo una obra maestra. Creo que esto justifica el afecto que le tienen ustedes al suyo.

–¿A qué se refiere con eso de que está hecho de huevo? –insistió papá.

–Seguro que Dylan se lo explicará con más detalle –dijo Lester–, pero, a grandes rasgos, se trata de lo siguiente: a diferencia de los pintores modernos, que usan pinturas en las que el pigmento se disuelve en aceite, Miguel Ángel y sus contemporáneos disolvían el pigmento en clara de huevo. Es lo que llamamos temple o témpera.

–Ya.

Sé que suena muy tonto, pero fue entonces cuando me di cuenta de que era una pintura. Resultaba tan real, a pesar de que no parecía una fotografía... Imposible de explicar.

–Como ven, la pintura está inacabada. El ropaje de la Madonna... –¡qué perra tenía aquel hombre con Madonna!–... aparece en una primera capa de negro, pero se supone que luego iba a pintarse de azul. De algún modo, eso añade dramatismo. Es como si el maestro hubiera tenido tanta prisa en captar la perfección de esta muchacha que no podía esperar a que le trajeran la pintura. Sabía que, si dejaba pasar una mañana, su belleza podía empezar a marchitarse. ¿No es eso el arte, al fin y al cabo? Rescatar la belleza de los estragos del tiempo, salvar del silencio eterno un único momento...

–Desde luego –asintió papá.

–Según Plinio, así es como empezó el arte, claro. Una joven llamada Dibutades se estaba despidiendo de su amado, que iba a la guerra. Puso una candela junto a él y trazó su silueta en la sombra que proyectaba sobre el muro. Quería conservarlo a su lado. Y ahora, imagínese al maestro mirando a esta muchacha con el mismo sentimiento. No tenía las pinturas idóneas, pero sentía que tenía que captar ese momento. Me lo imagino esperando la entrega de un pedido de lapislázuli que nunca llegó. Es una piedra preciosa. La habría molido hasta convertirla en polvo, la habría disuelto en el huevo y habría aplicado luego la mezcla en este lienzo como una aguada. Fíjense. Es increíble que el drapeado tenga verdadero peso, a pesar de que solo es un esbozo.

–Increíble –dijo papá–. Pero es que los huevos son increíbles, ¿no le parece?

Yo no apartaba la vista de la pintura. Definitivamente, no se parecía en absoluto a Madonna, aunque era joven. También había algunos chicos en el cuadro, dos pequeños y dos grandes. Los pequeños estaban incordiando, tratando de impedir que ella leyera. Uno de los grandes parecía sujetar un viejo calcetín que su compañero y él miraban muy fijamente, como si fuera la clave de algo. Al fondo se veían las siluetas de otras dos personas que parecían estar esperando a que las colorearan, aunque también podían estar materializándose en una plataforma transportadora interestelar. Lo cierto es que, aunque el resto de la pintura fuera disparatado, y a pesar de que le faltaba la parte superior de la cabeza, la cara parecía real. Como si despidiera calor.

–Una pintura como esta –dijo papá– deja a la tortilla fuera de combate, a no ser que uno esté realmente hambriento. Pero ya que hablamos de huevos, quisiera decirle que podemos hacerle cuando quiera un sándwich de huevo, huevos revueltos, en tortilla... En fin, como le gusten.

Así de colosal es mi padre: incluso estando atrapados en aquel extraño Tecnódromo junto a un inventor chiflado y un cuadro hecho con huevos, él no se despistaba ni un momento. Seguía pensando en El Oasis de Snowdonia - Hogar del Automóvil.

–La verdad es que no como nunca huevos –respondió Lester.

–Bien. Pero ¿qué me dice de esos hombres de ahí fuera? ¿Van a estar aquí arriba mucho tiempo? Porque también tenemos servicio de reparto. O podríamos tenerlo. Nos gustaría.

–No quiero entretenerlos –dijo Lester–. Seguro que Dylan tiene que ir a la escuela.

–Bueno, en realidad no. Quiero decir que, bien pensado, esto es educativo, ¿no? Podríamos decirle a la señora Stannard que...

–No –le interrumpió Lester con cierta precipitación–. No, me temo que he de pedirles que sean discretos al respecto. Preferiría que no... que no hablaran con nadie de esto. Absolutamente con nadie. En realidad, no debería haberlo mencionado siquiera.

Papá prometió que no lo diríamos.

–No es muy fácil guardar un secreto en un pueblo como este –añadió–. Pero haremos todo lo posible.

–Muchas gracias.

–Bueno, ¿y cuál es el secreto?

–¿Cómo dice?

–¿Qué están ustedes haciendo aquí?

–Me parece que cuanto menos hablemos de ello, mejor. Gracias por venir.

Papá no dijo nada hasta que llegamos al planeta Traposucio, pero me di cuenta de que estaba pensando en el asunto, tratando de entender todo aquello. Al cabo de un rato, dijo:

–Ha sido completamente... –miró a la nube por la ventanilla, tratando de encontrar la palabra exacta–... incomprensible.

–¿Crees que podríamos estar hablando de Miguelángeles diferentes?

–Puede que sí.

En la Escuela Primaria de Manod solemos tener Recreo Pasado por Agua (esto es, quedarse en clase durante el recreo si está lloviendo. Que, no nos engañemos, es lo normal). Hay un juego gigante de cuatro en raya, un tablero de damas enorme y una mesa de dibujo. Las chicas se agrupan por lo general en torno a la mesa y hacen como que dibujan con pintura de dedos unos petirrojos, o lo que sea, mientras charlan unas con otras. Yo normalmente me pongo el abrigo y voy a tirar unos penaltis (la estatua de pizarra hace de portero). Nunca sale nadie más al patio durante el recreo. Hasta hoy.

Hoy estaban todas fuera, resguardándose de la lluvia en el cobertizo de las bicicletas. En cuanto crucé la verja, se me echaron encima. Había cientos de ellas, como en un juego monstruoso de «tú la llevas» en el que todas jugaban menos yo. Intenté escapar corriendo, pero no había ningún sitio adonde correr. Me rodearon en masa preguntándome: «¿Qué pasa allá arriba? ¿Qué has visto? ¿Qué te ha dicho? ¿Qué están haciendo?».

La señorita Stannard vio lo que estaba pasando y vino trotando y haciendo sonar su silbato.

–¡Apartaos ya, niñas! –gritó ahuyentándolas con gestos–. Dejad tranquilo al pobre chico.

Luego me sacó del barullo diciendo algo que me sonó como a: «¡Es mío!». Me llevó hasta el vestíbulo, cerró la puerta y dijo:

–Vamos a ver. ¿Qué hay? ¿Qué pasa allá arriba? ¿Qué has visto? ¿Qué te ha dicho? ¿Qué están haciendo?

–La verdad es que no puedo contárselo, seño.

–¿Cómo dices?

–Me pidió que fuera discreto, seño.

–¿Discreto sobre qué?

–No estoy seguro, seño.

–¿Llevaban ropa rara, como para productos químicos?

–No, nada de eso.

–¿Estaban construyendo algo? Un repetidor quizá, o...

–No, seño. No están excavando ni nada de eso.

–¿Y qué has hecho allí?

–Me enseñó un retrato, seño.

–¿Un retrato de qué tipo?

–De una mujer, seño.

De pronto pareció más seria.

–¿Qué clase de mujer?

–No lo sé, seño. Parecía bastante amable. Me dijo que no hablara mucho de ello.

–¿Te enseñó el retrato de una mujer y te dijo que no se lo dijeras a nadie?

–Me dijo que fuera discreto.

–Tendrás alguna idea de qué clase de mujer era. ¿Alguna actriz famosa, o algo así?

–No. Llevaba una especie de sábana, señorita. No la tapaba del todo, la verdad, y había algunos chicos con ella.

–Así que te enseñó el retrato de una mujer medio vestida y dijo...

De pronto me acordé de algo útil.

–Seño, ¿sabe usted quién es Miguel Ángel?

–Las Tortugas no, Dylan. Ahora no.

–Pero, seño...

–Ya basta. Si no puedes contarnos nada, no tienes excusa para llegar tarde. Te voy a quitar dos puntos de tu hoja de méritos.

¡Pues menudo castigo! ¡Si no tenía ningún mérito!

A la hora de volver a casa, la cosa se puso aún peor. Iba caminando con Minnie por la calle mayor.

–Minnie –dije–, ¿sabes si Madonna es de Manchester?

–No.

–¿Y no hay otra Madonna que también sea famosa? O quizá haya otro Miguel Ángel, aparte de la Tortuga juerguista.

–Dylan, mira detrás de ti.

Lo hice y vi que la escuela entera nos seguía calle mayor arriba. Las niñas, sus madres, la señorita Stannard...

Hasta George, el que corta el tráfico delante de la escuela. Venían todos caminando detrás de nosotros como una gran caravana humana.

Y al llegar a la estación de servicio, nos encontramos con el gran embotellamiento. Hasta el último coche de Manod estaba ante los surtidores o en el arcén. Cualquiera que pasara pensaría que teníamos allí montado un mercadillo móvil de los que le gustan a mi madre. Pero no pasaba nadie más: estaban todos en la tienda. Cuando entramos Minnie y yo, se desató la locura. Todos tiraban de mí y me preguntaban lo mismo. No podía ver dónde se había metido Minnie. Aquello daba verdadero miedo, hasta que mamá gritó:

–¡Un momento! Hay un bebé aquí. Un poco de calma, por favor.

Se hizo el silencio. Papá sacó a Max de los brazos de mamá y dijo:

–Dylan y yo hemos subido hoy a la montaña y debo decir que hemos sido muy bien recibidos. Pero Lester, el hombre con el que hemos hablado, nos ha pedido que seamos discretos sobre lo que hemos visto.

Todo el mundo se puso de nuevo a gritar. Max se echó a llorar. Todos se callaron y se disculparon.

–Me gustaría contaros más –dijo papá–, pero no estoy seguro de que podamos hacerlo.

–Todo eso me suena muy extraño –intervino la señorita Stannard–. Le ha enseñado al joven Dylan retratos de una señora ligera de ropa y le ha pedido que no se lo diga a nadie. Ni siquiera a su profesora. Es indecoroso.

–¿Una señora ligera de ropa? –exclamó el señor Morgan.

–He oído que era Madonna.

–¿Retratos de Madonna? –preguntó Marie, interesada de pronto.

De pronto, desde el rincón en que estaba el ordenador, Minnie dijo:

–¿Era esto?

Todos se apiñaron en torno a la pantalla. Y allí estaba otra vez: la mujer de la pintura de Lester. En el ordenador no parecía tan cálida como en la vida real.

–¡Ah! –exclamó la señorita Stannard–. ¡Era ese Miguel Ángel!

–¡Ah! –dijo Marie–. ¡Era esa Madonna!

Resulta que Madonna es otro nombre de la madre de Jesús, y que la *Madonna de Manchester* es una pintura famosa que hizo un pintor también famoso. La pintura venía de la National Gallery de Londres. Minnie no paraba de buscar en Google para averiguar más cosas.

–Y entonces, ¿por qué está en la cantera? –preguntó la señora Porty.

–Por lo que no hago más que deciros –respondió Minnie–: es una organización criminal internacional.

–Ajá –dijo la señora Porty–. Ya sabía yo que ese tipo no era trigo limpio. Sus zapatos relucían demasiado.

17 abril

Coches hoy:
MONTEGO BLANCO: el Tocho Evans
(depósito lleno, caja de tortas garrapiñadas)

Tiempo: agua

Nota: DONDE ESTÁ EL ARTE,
ALLÍ ESTÁ NUESTRO HOGAR

Este fue el día en que el gran Evans se marchó y la Fiera Evans me metió un dedo en el ojo.

Resulta que los coches que subían a la montaña no tenían nada que ver con ladrones internacionales ni con que fueran a abrir otra vez la cantera. Arthur el de la revista se enteró de toda la historia y la publicó en el *Mensual*:

**¡DONDE ESTÁ EL ARTE,
ALLÍ ESTÁ NUESTRO HOGAR!**

La villa de Manod es anfitriona de algunos de los más distinguidos visitantes de su historia. El rey Carlos I, San Juan Bautista y San Jorge están entre nosotros en estos momentos.

Los lectores recordarán que las grandes inundaciones que sufrió Londres el año pasado produjeron un gran caos en el sector financiero. La familia real tuvo que trasladarse a Balmoral de forma permanente, ya que el palacio de Buckingham no era seguro. El Arsenal Club de Fútbol tuvo que mudarse a Milton Keynes por el mismo motivo. La Cámara de los Comunes se fue a Birmingham. Y toda la colección

> de pinturas de la National Gallery se trasladó «a un lugar secreto y seguro». Pues bien, resulta que ese lugar es la villa de Manod.
>
> Lógicamente, esta información se supone que constituye alto secreto. Pero publicarla en *Manod Mensual* no debería poner esa confidencialidad en peligro, pues es una revista que no lee nadie.

Como dice papá, todos deberíamos sentirnos orgullosos de que Manod sea ese lugar «secreto y seguro». Y es un honor tener en el pueblo todas esas obras de arte.

–Yo no echaría las campanas al vuelo –dijo el Tocho Evans.

–Ah, pero es que no son campanas –respondió papá–. Es algo bueno. Es diferente. No podemos empeñarnos en que las cosas sean como antes. Debemos mirar hacia delante.

–Yo miro hacia delante –dijo el Tocho–. Y hasta que llegue a Londres, no paro.

–Es una lástima. Ahora que este pueblo empieza a levantar cabeza...

–Yo levanto la mía y no veo más que nubes –replicó el Tocho.

Dijo que le llenáramos el depósito y luego pidió una caja de tortas garrapiñadas de esas que ponen «Recuerdo de Manod» en la tapa con letra muy elegante, bajo una imagen de la montaña. No habíamos vendido ninguna desde... Bueno, en realidad, nunca habíamos vendido ninguna. Tenían todas algo de polvo, así que le pasé un paño a una antes de dársela. Papá dijo:

–Y ya que estás en plan de gastar dinero, ¿no querrás comprarte un Mini Cooper S, por casualidad?

–No, pero gracias de todos modos. Es mejor que me vaya.

Pero se quedó un ratito más contemplando la ilustración de la caja como si estuviera jugando a «descubra las diferencias». No le habría costado mucho descubrirla, por cierto, porque la montaña de la caja es verde y está llena de ovejas y margaritas, mientras que la montaña de verdad es un gran borrón brumoso y gris, como si alguien hubiera venido y le hubiera pasado por encima una colosal goma de borrar.

Papá salió a buscar el cambio para el Tocho, y el Tocho dijo muy bajito, solo para mí:

–No pierdas de vista a mi pequeñaja, ¿de acuerdo?

–¿A quién?

Me miró extrañado, y entonces me di cuenta de que hablaba de la Fiera Evans. La verdad es que nunca había pensado antes en ella como en una niña pequeña.

–Claro. Desde luego –contesté.

–Gracias.

–Pero ¿qué quiere decir? ¿Que la cuide?

–En la escuela. No la pierdas de vista. Va a echar de menos a su padre.

–Ah.

Durante el Recreo Pasado por Agua, le propuse a la Fiera una partida de cuatro en raya. Le dije:

–¿Estás bien?

–Yo empiezo. Yo soy azul. Tú rojo.

–Vale. ¿Pero estás bien?

Se me quedó mirando.

–Porque tu padre se ha marchado, ¿no? –aclaré.

Me hizo señas para que me acercara más al cuatro en raya y, cuando estuve a tiro, me metió el dedo en el ojo.

21 abril

Coches hoy:
FURGONETA LUTON CREMA: Brake Brothers
LAND ROVER: señor Morgan y Sian

Tiempo: húmedo, luego agua

Nota: LA COCINA THAI LLEGA A MANOD

Normalmente no me fijo demasiado en las furgonetas, pero aquella sí que la recuerdo. De ese día lo recuerdo todo. Papá había ido temprano a Paga & Corre. Por lo general vuelve con pan, leche y quizá algunas chuches para el estante de los dulces, si se nos están acabando. Pero aquel día trajo cincuenta sopas de sobre y cincuenta vasos de fideos instantáneos Pot Noodles (tres sabores: veinte de pollo y maíz, veinte de barbacoa de ternera y diez de pollo satay, que era un sabor nuevo).

–Pollo satay... Eso es tailandés, ¿no? –dijo Tom–. Nunca he probado la comida thai. Apuesto a que nadie la ha catado en todo el valle.

Mamá se puso un poco nerviosa.

–No sé si deberíamos andar comprando fideos instantáneos, cuando no tenemos dinero para la gasolina –dijo.

–Tú eres la que dijo que nos hacía falta visión de futuro –replicó papá–. Ahí arriba hay por lo menos una docena de hombres. Esto es, una docena de posibles clientes. Sopas de sobre, betún para zapatos, fotocopias... Comprarán cosas más deprisa de lo que tardemos en reponerlas.

–Ya, pero...

–El señor Morgan dice que va a comprar el Mini Cooper para su hija. Eso nos solucionará lo de la gasolina. Y los fideos instantáneos tienen una vida más larga que los residuos nucleares. No te preocupes por ninguna de esas cosas. ¡Estamos en marcha!

Minnie y yo construimos una torre de cajas de Pot Noodles casi tan alta como Minnie. Pensé que estaría decepcionada porque en la cantera solo hubiera pinturas, y no cerebros maquinando planes criminales. Pero no lo estaba.

–El arte y los delincuentes –me dijo– son tan compatibles como el pescado y las patatas fritas. La mitad de las pinturas de ese museo son birladas. Durante las guerras, los soldados las roban. Lo llaman botín. Y algunas valen un fortunón. Alguien acabará por tratar de birlarlas otra vez.

–Ya, pero de aquí no. Están en lo alto de una montaña y dentro de una cantera.

–No importa. ¿Sabes quiénes son los que más roban ese tipo de cosas? Los de la mafia.

–¿La mafia? ¿Por qué?

–Las usan en lugar de dinero. Si un jefe de la mafia tiene que pagarle a otro jefe de la mafia digamos que veinte millones de libras, en vez de mandarle un cheque o dinero contante y sonante, le envía un cuadro. Así el pago no pasa por una cuenta corriente, ¿entiendes? Difícil de detectar, ¿no?

–Un cuadro no vale veinte millones.

–Algunos sí. Por eso los han escondido en una cantera.

–Pero veinte millones...

–Hace años, un hombre con un Vauxhall Nova blanco robó de un castillo de Escocia un Da Vinci que valía cincuenta millones.

–Seguro que ahora ya no conduce un Nova.

–Lo dejó tirado en un bosque cercano y continuó la fuga en un BMW Serie 5 negro como el de Lester. Hasta puede que fuera Lester. Parece un poco mosquita muerta, ¿no?

–Si hubiera pillado cincuenta millones, se habría pasado a un Serie 6.

–Dylan, cuando hablaste con Lester de las gallinas, ¿qué te preguntó?

–Nada. Solo cómo se llamaban.

–¿Eso fue todo?

–Quería saber quién les había puesto los nombres. Y yo le dije que había sido yo. ¿Por qué?

–Estoy pensando.

Me gusta que Minnie diga que está pensando porque, por lo general, acaba diciendo algo interesante.

La torre de cajas de Pot Noodles sobresalía un poco por un lado, pero se mantenía en pie.

Cuando mamá vio el tamaño de la Torre Inclinada de Pot Noodles, empezó a ponerse nerviosa otra vez.

–¿Cuánto te has gastado? –le preguntó a papá.

–Para acumular hay que especular –respondió él.

–Yo no quiero acumular. Quiero pagar la hipoteca.

–Tú ponte en el lugar de un hombre que acaba de bajar de la montaña conduciendo una furgoneta grande. Está cansado. Está tenso. Tiene que apearse para abrir la cancela. Olfatea café. Y piensa: «Solo un cafecito». Sigue el aroma hasta la tienda y, una vez dentro...

–Pot Noodles de pollo satay –completó Tom–. ¿Quién podría pasar de largo?

–Pero ¿y si no se detiene? ¿Qué pasa si baja de la montaña y piensa: «No veo la hora de terminar el viaje»? ¿Qué pasa si baja pensando: «¿Para qué voy a quedarme en la estación de servicio cuando puedo seguir hasta el supermercado Asda y comprarme un desayuno decente, el periódico y algo de fruta y verdura frescas?».

–O una bolsa –dijo Marie–. En el Asda tienen esas mochilas con flores tan monas.

–Y pizzas –añadió Tom–. Pizzas recién hechas. Hasta puedes elegir los ingredientes que te apetezcan. Si quieres, puedes pedir una pizza de judías con panceta.

–Te diré por qué no irá hasta el Asda: buenas relaciones con el cliente –papá me miró–. A Lester le ha caído bien Dylan. De modo que hemos entablado una buena relación con él.

–¿Pero por qué? –dijo Tom el Majo–. Quiero decir: ¿por qué le ha dado por Dylan?

–Eso –dijo Marie–. Debe de haber un malentendido.

–No, no lo hay –replicó mamá–. Es perfectamente comprensible. A cualquiera le caería bien. Es un encanto.

–Siempre que no necesites un cambio de aceite –dijo papá.

–Pues no –dijo Minnie–. En realidad, sí que hay un malentendido.

Todos la miramos.

–Dylan le dijo a Lester que había sido idea suya llamar a las gallinas Miguel Ángel y Donatello. Lester no ha oído hablar nunca de las Tortugas Ninja, y piensa que Dylan ha puesto a sus gallinas nombres de grandes pintores del Renacimiento italiano. Cree que a Dylan le interesa el arte.

Papá me miró a mí y luego a la torre de Pot Noodles. Mamá ya estaba mirando a la torre de Pot Noodles.

Minnie siguió con su explicación:

–Si Lester vuelve a hablar con Dylan, se dará cuenta de que ha cometido un error un tanto embarazoso. Y entonces tendremos malas relaciones con el cliente.

–¿Por qué nadie ha hablado de esto hasta ahora? –murmuró mi padre en el mismo tono que cuando se enteró del lío con el anticongelante y el aceite.

–Porque me acabo de dar cuenta –dijo Minnie.

–¿Pero cómo es que nunca ha oído hablar de las Tortugas? –preguntó Tom–. ¿Es corto de entendederas, o qué?

A mamá aquello le sentó fatal, tanto que hubo algunos gritos más entre papá y ella. De modo que Minnie y yo escurrimos el bulto y nos fuimos a la escuela. Justo cuando pasábamos por delante del Spar, papá nos alcanzó corriendo. Era evidente que se le había ocurrido algo. Siempre se le ocurre algo.

–Dylan –me dijo–, me gustaría hablar un momento contigo.

Fuimos a sentarnos junto al mural del parque, debajo del fragmento titulado «Elvis llega a los Sun Studios por primera vez», y papá me contó la historia de Blissett. Yo nunca había oído hablar de él.

–Jugaba en el Watford, allá por los años 80 –dijo.

–Eso fue antes de que yo naciera.

–Ya sé, ya sé. Bien, pues jugaba en el Watford al mismo tiempo que John Barnes. De John Barnes sí habrás oído hablar.

–Marcó un gol de antología en jugada individual contra Brasil en 1984.

–Exactamente. Bien, pues Barnes y Blissett en el Watford de delanteros. ¿De acuerdo? Así que el Watford tenía dos delanteros natos y uno de ellos era John Barnes. John Barnes: el jugador que marcó contra Brasil, el que fue nombrado Jugador del Año en 1988 por la Asociación de Futbolistas Profesionales, el que escribió la letra del *Anfield Rap*. Y Luther Blissett, un goleador nato y un buen tipo. Pues bien, el AC Milan, uno de los clubs más grandes y ricos de Europa, va y decide comprar a uno de los dos. ¿A cuál?

–A John Barnes.

–Compraron a Luther Blissett.

–¿Por qué?

–Por equivocación. Sabían que el Watford tenía dos delanteros y compraron el que no era.

–Pero... ¿cómo?

–Eso no importa. El caso es que Blissett se marchó a Milán con un fichaje de los gordos. Error o no, el hecho es que ya estaba allí. Lo único que tenía que hacer era subir su nivel de juego y nadie se daría cuenta.

–¿Y lo hizo?

–La verdad es que no. Marcó cinco goles esa temporada y el Milán se lo volvió a vender al Watford. El caso es que allí estaba otra vez. Todo el mundo le quería, y volvió convertido en un jugador mejor. En un partido con Inglaterra metió tres goles, y sigue siendo el máximo goleador de la historia del Watford.

–¿Y qué?

–Pues que no se trata de ser el más grande: se trata de ser lo mejor que puedas.

–¿En qué?

–En esto.

–¿Qué es esto?

–El asunto de los cuadros y demás.

–Ah. Bueno, los hombres aquellos dijeron que podía jugar al fútbol, así que si vuelvo...

–No estoy hablando de fútbol.

–Sí que lo estás haciendo. Estás hablando de John Barnes y Luther Blissett.

–Estoy hablando de ti. Estoy diciendo que Lester está convencido de que eres una especie de genio, como John Barnes, y los demás sabemos que solo eres... En fin, que eres simplemente Dylan. Pero eso está bien. Tienes que aprovechar la oportunidad. Lester cree que eres listo; lo único que tienes que hacer es aparentar que lo eres.

–La verdad es que he intentado eso mismo en la escuela y no funciona. ¿No sería mejor que le dijéramos que Minnie es la lista, no yo? ¿Que se ha equivocado?

–Lester no es el tipo de persona a quien le gusta que le digan que se ha equivocado.

Estaba empezando a pensar que, en realidad, a mi padre no se le había ocurrido ningún plan, cuando dijo:

–Vale, pues este es el plan. Tienes razón al decir que Minnie es lista. Así que ella intentará enseñártelo todo sobre Miguel Ángel y esa panda. Y cuando llegue el momento, subirá contigo. Así, lo que no haya podido enseñarte te lo soplará.

¡Espléndido!

A Minnie, el plan le pareció fascinante.

–Esto es un fraude –dijo–. Esto hace de nosotros unos estafadores. Estamos perpetrando una estafa.

Era tanta su excitación que apenas podía estarse quieta.

–Yo no estoy perpetrando ninguna estafa –protesté–. Solo estoy siendo amable.

–Lo que tú digas.

Al llegar a la escuela, fuimos al ordenador de la biblioteca y buscamos «Miguel Ángel» en la Wikipedia. Decía dónde y cuándo había nacido, aunque la verdad es que no se me quedó. Y también tenía fotos de sus obras de arte. La más famosa es la Capilla Sixtina de Roma. Es una capilla de verdad y Miguel Ángel pintó escenas de la Biblia por las paredes. Las pintó todas él mismo porque no creía que nadie fuera lo bastante bueno como para ayudarle. Todo lo hizo tumbado boca arriba sobre un andamio muy alto, y se cayó un par de veces. Al Papa le fastidió que tardara tanto en terminarlo. Hala, y ahora preguntadme lo que queráis, que todavía puedo acordarme de todo.

Eso es lo que le dije a mi padre al llegar a casa.

–Vamos, pregúntame lo que quieras. Cualquier cosa sobre Miguel Ángel.

Estaba sentado junto al mostrador, en una de las sillas de jardín de la tienda de muebles de ocasión.

–¿Dónde nació? –preguntó.

–Precisamente eso no lo sabe –dijo Minnie–. Pero le puedes preguntar cualquier otra cosa. Pregúntale sobre la Sixtina...

–Vale.

Pero no me preguntó nada. Y es que, mientras estaba pensando qué decir, apareció una furgoneta de color crema.

Era una furgoneta Luton corriente, pero tenía cosas pintadas a los lados: hombres con corbatas de pajarita y gorros de cocinero sujetando cacerolas, y el humo de las cacerolas se convertía en un rótulo de letras onduladas que decía: «Brake Brothers - Alimentos frescos para su despensa». El conductor aparcó, se acercó a la tienda y asomó la cabeza por la puerta. Una pena que no llevara corbata de pajarita ni gorro de cocinero. La puerta hizo tin-tan y el hombre dijo:

–Esto es Manod, ¿verdad? Es que no hay señal en la A496.

–Las señales no son una prioridad presupuestaria –dijo mi padre en tono irritado–. ¿En qué puedo servirle?

–Estoy buscando la calzada de la montaña –dijo el hombre, como si fuera el nombre de una calle en plan «calle de Waterloo».

Sin embargo, estaba claro lo que buscaba. Por eso resultó curioso que papá no contestara. Pareció quedarse paralizado.

–¿No les suena de nada la calzada de la montaña? –insistió el hombre.

Papá siguió paralizado.

–Está justo ahí, detrás de la cancela –contestó Minnie.

El hombre se fue. Papá le vio abrir la cancela, saltar dentro del vehículo, cruzar, saltar fuera del vehículo y volver a cerrar la cancela. En todo ese tiempo, mi padre no habló ni se movió.

Resulta que Brake Brothers es una empresa que vende comida congelada a los pubs y a los cafés. Y además, no se trata de comida congelada corriente:

–Alitas cajún de pollo, chile con carne, empanada de carne a la cerveza... –dijo papá, y luego se volvió hacia mamá–. ¿Pero cómo, cómo, cómo es posible que no pensáramos que tendrían organizada su propia intendencia? ¿Qué ilusión demencial nos hizo creer que podrían necesitarnos?

–No debes culparte –dijo mamá.

–No me estoy culpando. La culpa es tuya –replicó papá.

–Yo sé hacer chile con carne, si a alguien le apetece –dijo Tom.

–Ahí está el problema –dijo papá–. ¿Para qué vas a hacerlo si pueden traerte uno congelado? Y si tienen una furgoneta entera de Brake Brothers, ¿qué más necesitan? Nada. ¿Por qué iban a comprar nuestra sopa de sobre cuando tienen cubas de estofado escocés y de minestrone? ¿Por qué se molestarían en mirar siquiera nuestros Pot Noodles cuando pueden forrarse a currys de pollo tikka massala?

–Muy bueno el pollo tikka massala, eso sí –dijo Tom.

Aquella misma tarde, el señor Morgan trajo a su hija para que viera el Mini Cooper. Papá me dejó que le hiciera un lavado-encerado y le fregara los neumáticos. Parecía un coche nuevecito. Papá lo había pintado de color rojo competición. La hija del señor Morgan se llama Sian. Dijo que el coche era precioso, pero que no le gustaba el color.

–Bueno, es rojo competición –explicó papá–. Como en la película. ¿Has visto *Un trabajo en Italia*?

–No, no la he visto. Me resulta un color algo agresivo.

–¡Qué dices! –exclamó papá–. ¿Cómo puede un color ser agresivo?

–Eso –le apoyó el señor Morgan–. ¿Cómo puede un color ser agresivo?

–Pues por la psicología de los colores, ¿no lo veis? Rojo. Como en las corridas de toros. Un cochecito rojo correteando por ahí es para algunos conductores varones como un trapo rojo para un toro. Me expondría a toda clase de altercados y conductas violentas. ¿Por qué crees que lo llaman rojo de competición, papi?

–Es que está haciendo Psicología en la universidad. Sabe de esas cosas.

–Solo pretendía que pareciera salido de *Un trabajo en Italia* –explicó mi padre–. Es una peli en que la roban un banco en Italia y usan Minis para fugarse.

–Ya. Suena muy agresiva esa película, ¿no?

El caso es que no vendimos el Mini. Y tiene pinta de que tampoco vamos a vender los Pot Noodles.

25 abril

Coches hoy:
FORD SCORPIO: sargento Hunter
JAGUAR XJ 4.2 V8 SOVEREIGN (matrícula IN5 UR3):
Bary y Tono, del seguro

Tiempo: húmedo. Más tarde, agua

Nota: LOS AMIGOS SON A VECES
ENEMIGOS DISFRAZADOS

Otra lección que podemos aprender de las Tortugas es que una equivocación la puede tener cualquiera. Por ejemplo, en uno de los episodios, tres monstruos devoradores de rocas persiguen a las Tortugas por un túnel que desemboca en una ciudad subterránea. Allí vive una misteriosa Entidad que las salva de los monstruos, de modo que las Tortugas, como es natural, piensan que está de su parte. Pero en realidad tiene un plan propio, que es retener a las Tortugas para siempre en la ciudad subterránea. Y deben luchar para escapar cuando las ataca con magma inteligente.

Por eso no es extraño que una persona confunda a veces aceite de coche con anticongelante. Y si una persona se despierta en plena noche y oye ruidos que vienen del taller, y mira por la ventana y ve una luz encendida, tampoco es extraño que esa persona piense que su padre está fuera con el espray, pintando el Mini Cooper de un color distinto al rojo de competición. Es un error muy fácil de cometer, y la persona ni se da cuenta de que era un error hasta que baja al día siguiente y encuentra a su padre contándole al sargento Hunter, de la policía, que alguien ha robado el Mini.

El sargento Hunter me miró y preguntó:

–¿Oíste tú algo, joven Dylan?

–Sí.

–¿Qué?

Le conté todo lo de la luz encendida y la puerta abierta.

–¿Y eso a qué hora fue?

–A las tres y cuarto. Y unos diez minutos después, oí que el motor se ponía en marcha.

Papá estaba estupefacto.

–¿Y no dijiste nada? –preguntó.

–Creí que eras tú, repintando con el espray.

–¿Y por qué iba a poner el motor en marcha, si estaba repintando con el espray?

–No lo sé. Si la pintura estaba fresca, a lo mejor querías llevártelo a dar una vuelta para que se secara más deprisa.

Papá puso los ojos en blanco y nosotros nos fuimos a la escuela.

Minnie estaba absolutamente encantada de que por fin alguien hubiera cometido un delito en Manod.

–Por lo general, los delitos suceden en oleadas –dijo–. Esto es solo el principio.

Camino de la escuela, no paraba de mirar fijamente las caras de los transeúntes, tratando de averiguar si tenían pinta de delincuentes.

–Los ladrones muy bien podrían encontrarse entre nosotros –decía todo el rato.

En cuanto llegó a la escuela, se puso a contar el caso a todo el mundo. Para cuando llegó la hora de las clases, todas las niñas de la escuela estaban en nuestra aula escuchando a Minnie describir cómo una banda de sujetos armados había entrado en la estación de servicio y había robado nuestro Mini Cooper Turbo modificado, seguramente para dar un golpe en un banco.

–Los coches que roban son casi siempre parte de un plan para usarlos como vehículos de fuga en delitos más serios –dijo–. Seguro que ahora mismo nuestro Mini está quemado en alguna carretera de circunvalación de Birmingham.

Y siguió contándoles a todas cómo yo había mirado por la ventana y había confundido a aquellos supercriminales armados con mi padre. Las niñas se rieron. Yo me pregunté por qué la señorita Stannard no las echaba a todas y las mandaba a sus sitios respectivos, pero luego la vi sentada en uno de los pupitres, escuchando también.

–Sigue, Minnie –dijo–. Este es un magnífico ejercicio de atención y aptitud oral.

Minnie incluso comentó el robo en su email a Gumbi. Por la tarde me llegó uno de George:

> Querido Dylan: Gracias por tu último email, que era bastante aburrido. ¿Es verdad que confundiste a una banda de ladrones armados con tu padre y les diste las llaves de su coche? Seguro que se ha enfadado. Por favor, escríbeme y cuéntame más historias divertidas de tu vida en Manod. ¡No seas aburrido otra vez!
>
> Tu amigo, George.

A la hora de comer, la Fiera Evans me señaló con el dedo desde el otro lado del comedor y se echó a reír muy, muy, muy alto y durante mucho, mucho rato. Yo no podía más de ganas de volver a casa. Al menos, allí todos conocían los pormenores del caso.

Pero cuando llegamos a casa, en la estación de servicio había un Jaguar 4.2 (velocidad máxima: ¡¡¡250 kilómetros por hora!!! Y encima, va de 0 a 60 km/h en 6,3 segundos). Estaba claro que no era nuestro. Había dos hombres trajeados en la tienda. Uno tenía un teléfono móvil metido en el bolsillo, junto a la solapa, y el otro tenía un bigote caído como el de una morsa.

–Hola, jovencito –dijeron cuando entré–. Parece ser que lo viste todo, ¿no?

–Bueno...

–Por cierto, me llamo Bary –dijo el del bigote–, y este es Tono.

–Como el tono del teléfono –dijo Tono, y apretó el botón de tono del móvil en plan chistoso–. Somos de la compañía de seguros.

Hablaban por turnos, como los sobrinos del Pato Donald.

–Solo queremos saber lo que viste –dijo Bary–. Tómate tu tiempo –añadió sacando un bloc de notas.

–Bueno, la verdad es que no mucho –respondí yo–. Me desperté y oí un ruido y había una luz encendida y eso es todo.

–¿Hora?

–Las tres y cuarto.

Los dos anotaron la hora y me dieron las gracias. Minnie les preguntó si pensaban que aquello era el principio de una oleada de crímenes.

–Esperemos que no –dijo Bary–. Estamos investigando esto porque es muy poco habitual. Normalmente, Manod tiene el índice de delincuencia más bajo del Reino Unido. Nos preguntábamos qué puede haber cambiado –y miraba fijamente a mi padre mientras lo decía.

–Cerré con llave el taller antes de irme a la cama –explicó papá–. Han forzado la puerta. Si van, podrán comprobarlo.

Bary me miró y dijo:

–¿Recuerdas qué te despertó? ¿Oíste el chasquido de una tabla al romperse o algo parecido?

Pensé con ahínco antes de contestar:

–No. No oí eso.

–Solo estamos buscando pistas, ¿entiendes? –dijo Tono–. Para saber por qué ocurrió...

–... algo que nunca había ocurrido –completó Bary.

Pistas. Pensé con más ahínco todavía. Quizá pudiera recordar alguna pista; eso compensaría algo el no haber impedido que cometieran el robo.

–¿No oíste voces? ¿Ni otro coche? Nos estamos preguntando cómo llegaron hasta aquí, ¿comprendes?

–No oí nada de todo eso –contesté.

–¿No ha rondado últimamente por la gasolinera ningún tipo de aspecto indeseable? ¿Con cierta pinta de delincuente?

En cuanto dijo eso, miré a Minnie. Parecía a punto de decir: «Tom», pero yo me anticipé:

–No. En absoluto.

–¿En absoluto?

–En absoluto.

El tipo miró a papá.

–Y el coche en cuestión, lo digo por estar seguros, era un Mini Cooper S color rojo de competición.

–Eso es.

–Con interior de falso nogal, puño del cambio forrado de cuero y tapacubos de aleación –dije yo, y me miraron los dos–. Papá puso tapacubos de aleación en las ruedas. Quedaban fenomenales. Lo quería vender, claro. A la hija del señor Morgan, para sacar dinero para la gasolina. Por eso quería que tuviera ese aspecto tan chulo. Pero a ella no le gustó el color, ¿verdad, papá?

Papá asintió con la cabeza. Los dos hombres parecían muy contentos, y pensé que a lo mejor les había dado una buena pista.

–¿Alguna pregunta? –dijo Bary.

–¿Es verdad –pregunté yo– que los Jaguar tienen sensores de altura que rebajan el coche quince milímetros al superar los ciento cincuenta kilómetros por hora, mejorando la eficiencia aerodinámica, la estabilidad del vehículo y la economía de carburante en los trayectos de alta velocidad?

–No lo sabemos –dijo Tono.

–Es ilegal ir a ciento cincuenta kilómetros por hora.

–Y nosotros nunca hacemos nada ilegal.

Me dieron las gracias de todos modos y me dijeron que les llamara si me acordaba de cualquier otra cosa. Bary me dio un boli con su número de teléfono en letras de oro. ¡Qué hombre tan simpático!

Cuando se marcharon, papá se metió en el taller a pesar de que todo el mundo en Manod sabía que allí no había ningún coche en el que trabajar. Mamá fue a llevarle una taza de té, pero no la dejó entrar. Aún no había salido cuando fui a meter a las gallinas en su conejera. Iba a entrar de nuevo en casa cuando se abrió la puerta del taller y apareció papá mirándome fijamente.

–Hola, buenas noches –dije.

–Buenas noches, hijo –respondió él.

No parecía que fuera a decirme nada más, así que añadí:

–Lo siento de veras, papá. No me di cuenta de que eran ladrones.

Siguió sin decir nada.

–Si me quedara un solo deseo, desearía que apareciera el coche, papá.

Me miró a los ojos y me dijo:

–¿Tiramos unos penaltis?

¿¡No es increíble!? Me quedé más estupefacto que si me hubiera pedido que hiciera un cambio de aceite. Quiero decir que algunas veces jugamos partidos de penaltis, pero solo si se lo pido mogollón de veces.

Se puso él de portero en los primeros diez. Luego, yo en los diez siguientes, luego cambiamos otra vez y luego otra, y seguimos hasta que ya no podíamos ver el balón, que solo era un borrón en la oscuridad. Fue algo completamente frenético y gané yo por 83 a 77. Luego nos sentamos un rato en el umbral y nos quedamos mirando cómo se movía la luna entre las nubes.

–¿Sabes una cosa? Si vas a alguna parte en tren, siempre debes llevar una cebra contigo.

–¿Y eso?

–Es cuestión de probabilidades. Sabes lo que son las compañías de seguros, ¿no? Hacen dinero calculando las probabilidades de que algo vaya a ocurrir. Por ejemplo, todo el mundo tiene que pagar el seguro del coche porque es muy probable que algún día te des un golpe con él. Digamos que una probabilidad sobre cien. Pero si vas en tren, las probabilidades se reducen muchísimo. Una entre un millón, pongamos. Pues bien, las probabilidades de que una cebra tenga un accidente en un tren son casi nulas. Las cebras casi nunca tienen un accidente en un tren. Así que, si montas en un tren, lleva una cebra contigo y no te pasará nada. ¿Entendido?

–No, la verdad.

–Lo que te quiero decir es que cuides bien de ti mismo. ¿Vale?

Parecía una forma un tanto retorcida de decirlo. Pero fue realmente un atardecer para recordar.

Lo de los penaltis fue tan sorprendente que no me sorprendí tanto como podríais imaginar cuando, al bajar de mi cuarto a la mañana siguiente, comprobé que mamá ya se había levantado y papá se había marchado.

26 abril

Coches hoy:
FORD SCORPIO: sargento Hunter
JAGUAR 4.2: Bary y Tono

Tiempo: lluvia intensa

Nota: FÚTBOL DE ALTO RIESGO

Esa mañana se me quedó grabada en la memoria sobre todo por el desayuno. Estábamos en la tienda antes de ir a la escuela cuando Bary y Tono llegaron con su Jaguar 4.2. Querían hablar con papá. Mamá bajó y les dijo:

–Me temo que el señor Hughes ha salido de viaje de negocios.

A continuación, levantó en brazos a Max y se volvió a la cama.

Los demás nos miramos. Papá jamás se había ido a ningún sitio de viaje de negocios. Y mamá jamás había vuelto a meterse en la cama por la mañana.

–¿Y ahora qué vamos a hacer? –pregunté.

–Yo te diré lo que vamos a hacer –dijo Marie–. Vamos a disfrutar de un desayuno decente en vez de esa bazofia que deja la leche amarilla –cogió un Pot Noodles de pollo satay y le echó por encima agua hirviendo de la Gaggia.

No me pareció que fuera lo más adecuado, dadas las circunstancias, pero olía bien.

–¿Qué tal es? –quise saber.

–Es como una mezcla de mantequilla de cacahuete y cordeles. Está bueno.

–Quizá deberíamos comernos uno cada uno para ponernos las pilas. Tenemos que diseñar un plan.

–¿Le ponen a uno las pilas los Pot Noodles?

Minnie leyó la lista de las sustancias químicas y los aditivos alimentarios que había impresa en las cajas y dijo:

–Si todo eso no te hace pensar, nada lo hará.

Así que me comí uno. Y cuando llegó Tom, él también se comió otro.

–Y entonces, ¿adónde ha ido el señor Hughes? –dijo con la boca llena de fideos.

–Se ha marchado de viaje de negocios –respondió Marie–, porque la estación de servicio no da el dinero suficiente. Y toda la culpa es de Dylan, que dejó que los ladrones se largaran con el Mini.

Por si yo no lo sabía, claro.

–Me pregunto qué clase de negocios serán –dijo Tom.

–No importa lo que sean ni de quién es la culpa –dijo Marie–. Lo que importa es que la gasolinera no es rentable. Si queremos que papá vuelva, tendremos que hacer que el negocio dé más dinero.

Dicho así, el asunto parecía sencillo.

–Podríamos dedicarnos al delito –propuso Minnie.

–Yo no –dijo Tom.

–Vamos, Tom. Que te saliera mal una vez no quiere decir que no puedas hacerlo. Inténtalo, inténtalo y vuelve a intentarlo. Y esta vez todos te ayudaremos.

–Ya, pero me he rehabilitado, ¿no lo entiendes?

–Muy bien –dijo Minnie–. Pues estamos perdidos.

–¿Tú crees? –dijo Tom, que parecía preocupado –Bueno, pues si con eso voy a poner difíciles las cosas, a lo mejor podría cometer un solo delito.

–No es preciso –dijo Marie–. Pensadlo un momento. Esos hombres están todavía en la montaña. Y como aún tienen que pasar por aquí, siguen siendo un mercado potencial. Lo único que tenemos que hacer es pensar qué venderles. ¿Alguna sugerencia?

Nadie tenía sugerencias.

Yo estaba allí sentado, deseando no haber espantado a los ladrones y pensando con ahínco para ver si se me ocurría dónde podía estar el coche.

–Podría vender mis cajas de las Tortugas con la colección de mutantes articulados –dijo Tom–. Son muy buscados por los coleccionistas.

–Es tremendamente generoso por tu parte, Tom –contestó Marie–, pero ya has vendido demasiados chismes de las Tortugas. Gracias de todos modos.

–Menos mal –suspiró Tom.

–Y digo yo, ¿no podríamos dar una fiesta? –dijo Marie–. Una fiesta estaría bien. Lo he pensado muchas veces. El taller de papá podría ser un local excelente para eso. Podríamos tener música y baile, y seguro que vendría la gente de mi insti.

–¿Y eso cómo generaría ingresos? –preguntó Minnie.

–Vale, vale –dijo cortante Marie–. Solo era una idea.

–Pasteles –dijo de pronto Minnie.

Todos nos quedamos boquiabiertos. Es un genio, está claro. Y además, como dijo Tom:

–Me encantan los pasteles. A todo el mundo le gustan, en realidad.

–Sabemos que tienen alitas cajún de pollo –dijo Minnie–. Pero ¿tienen pasteles? Probablemente no. Los pasteles los podemos hacer nosotros mismos y así ahorramos.

–Ya, pero a ver qué tipo de pasteles –dijo Tom–. Porque el pastel de jengibre, por ejemplo, no está nada bueno.

–Haremos una especie de menú, y así podrán pedir lo que sea y nosotros no tendremos que hornear nada que no quieran comprar. Y la jugada maestra es la siguiente: inventaremos pasteles especialmente pensados para hombres que trabajan con obras de arte en lo alto de una montaña.

Así es como inventamos el pastelillo Picasso, la tartaleta Tiziano y la torrija Tintoretto. Ah, y el capricho Constable con chispas de chocolate. Minnie se pasó la mañana proponiendo nombres de pintores y Marie los emparejaba con iniciales de nombres de pasteles. Hasta Tom ayudó. Se sentaron ante el ordenador y, entre risitas y carcajadas, se dedicaron a jugar con colores y tipos de letra. Yo no sabía los nombres de ninguno de los pintores. Ni de los pasteles. Ni de los tipos de letra. Así que los dejé trabajar a su aire.

–La próxima vez que baje uno de ellos –dijo Marie–, le daremos un menú.

Estuvo bien ver de nuevo en acción al Equipo Hughes. A pesar de que el capitán estaba ausente. Y la directora técnica en la cama. Y yo en el banquillo, sin moverme.

Mamá se quedó en su cuarto casi toda la mañana porque echaba de menos a papá, algo muy comprensible. Yo me acordé de lo mucho que nos habían animado los Pot Noodles, así que miré en *La cabalgata del café* y decidí prepararle a mamá un mokaccino, que es una mezcla de café, chocolate y leche. No nos quedaba chocolate en polvo, así que desmigajé una barra de Flake en el café con leche y se lo llevé a su cuarto. Pareció gustarle.

–¿Cuánto tiempo va a estar allí? –pregunté.

–¿Quién?

–Papá.

–Ah. Papá. ¿Qué pasa con él?

–¿Cuánto tiempo va a estar fuera?

–¿Dónde?

–En su viaje de negocios. Dijiste que se había ido a un viaje de negocios.

–Ah. Pues no sé. Un tiempo –respondió sin apartar la vista de la ventana.

–¿A qué clase de negocios ha ido?

–¿Hummm?

–¿Ha ido a trabajar en la Nueva Barrera?

–¿Hummm?

–Bueno –dije–, no puedo pasarme aquí el día de cháchara.

En realidad hubiera podido, porque no había nada más que hacer. Pero mamá no intentó detenerme. Así que me fui.

¡Donatello había puesto un huevo!

Estaba encima de una de las botellas de butano. Tenía una pluma pegada y todavía estaba calentito. ¡Fenomenal! Pero también inútil. Iba a ir corriendo a decírselo a los demás, pero luego pensé: «En realidad, ¿qué más da un huevo?». Y también pensé en lo triste que era que aquella gallina se hubiera tomado tanta molestia para poner un huevo que daba igual. Lo mismo que yo, que también daba igual lo que hiciera. Pero en ese momento recordé algo que papá había dicho: «La atención al cliente consiste en dar un paso más».

¿Por qué teníamos que esperar a que uno de ellos bajara de la montaña para entregarle el menú? Yo podía llevárselo. No teníamos coche, de acuerdo. Pero todos los abuelos de la gente del pueblo subían aquella montaña andando para ir a trabajar. Yo podía hacer lo mismo.

Corrí a la tienda. Los menús estaban apilados junto a la impresora. Tenía una pinta totalmente estupenda, con letras amarillas sobre fondo azul. No había ni rastro de las chicas. Tom estaba en la parte de atrás. Cogí un menú y un pasamontañas y salí. Iba a subir al monte. Iba a poner algo de mi parte para que la estación de servicio fuera rentable. Y me llevé mi balón de fútbol, por si surgía la ocasión para un partido.

Caminar pendiente arriba me hizo bien. Antes solo había subido en coche, y por eso nunca me había fijado en las piedras blancas. Cada par de minutos pasaba junto a una. Era como uno de esos dibujos en que te pasas un siglo mirando el papel intentando ver la imagen oculta, y de repente la ves y ya no puedes dejar de verla. Esto era igual: una vez que lograbas ver unas cuantas piedras blancas, podías ver una larga fila de ellas dirigiéndose hacia las nubes como un cordel. Cuando llevaba un siglo andando, miré hacia atrás y me di cuenta de que no me había alejado gran cosa. Aún podía leer las letras del rótulo El Oasis de Snowdonia - Hogar del Automóvil. En ese momento casi me rajé, pero pensé en los cuatro mil abuelos que se daban esa caminata cada mañana y me dije que la cantera no podía estar tan lejos, si lo hacían antes de haber empezado su jornada de trabajo. Solté el balón y lo subí por el camino haciendo regates. No dejaba de pensar en lo bueno que sería si hubiera alguien que pudiera devolverme un pase.

No sé cómo entré en la nube; solo recuerdo que de pronto hacía más frío y más humedad que antes. En realidad, ya no podía ver nada, y los cantos del suelo se habían vuelto resbaladizos bajo mis pies. Recogí el balón y pensé en dar la vuelta, pero vi otra piedra blanca más adelante. Caminé hasta ella y desde allí pude ver la próxima, y desde esa vi la de más allá, y luego la siguiente, y otra, y otra. Y luego vi otra cosa.

Tenía más o menos el tamaño de una casa, pero le salía pelo, un pelo espeso y erizado. Me quedé inmóvil, y la Cosa Peluda también. Y todo lo demás. Era como si el mundo entero se hubiera paralizado. O desvanecido. Solo estábamos yo, dos piedras blancas (una delante y una detrás) y aquella Cosa grande y peluda. Retrocedí un paso. Resbalé. Se me escapó el balón. Se fue rodando montaña abajo, y el rumor de los guijarros se oyó mucho tiempo después de que hubiera desaparecido. La Cosa debió de oírlo, pero no se movió. Me levanté y, de pronto, la niebla que envolvía la Cosa pareció aclararse por un momento.

Era un gran bloque de pizarra, un peñasco enorme con toda la parte de arriba cubierta de musgo. Uno de sus lados era tan liso al tacto como un parabrisas. Me pregunté qué estaría haciendo allí. A lo mejor era el último bloque grande de pizarra que habían cortado. A lo mejor cerraron la mina antes de que les diera tiempo a trocearlo para hacer Grandes Damas o lo que fuese. Observándolo de cerca, se veían flechas marcadas y cosas escritas, quizá instrucciones para cuando fueran a convertirlo en lajas. Y también había unos pequeños dibujos tallados, pero tan levemente que parecía que si les pasabas la mano por encima podían desaparecer. Era una fila de caras, y todas miraban hacia el borde de la roca. No se veía lo que miraban, a no ser que todos estuvieran muy, muy interesados en el musgo. De modo que no era una gran Cosa Peluda sino solo una roca, menos mal. Aunque perdí mi balón de fútbol, y eso fue una pena. Eso sí: aún tenía el menú, que era de lo que se trataba.

Salir de la nube y llegar al sol fue totalmente fabuloso. Ahora sé cómo se siente un coche cuando termina el lavado y empieza a soplar el aire caliente. Pude sentir cómo me iba secando, y vi cómo todo se hacía más brillante y más nítido. La pizarra era azul. El musgo parecía de oro, y las voces de los hombres, allá arriba, eran el mejor sonido del mundo, como una fiesta en que todos estuvieran esperando mi llegada. Luego, al acercarme, vi que un balón venía rodando hacia mí por la ladera. Miré hacia arriba. Dos hombres vestidos con monos de trabajo estaban junto a la cantina, gritando. Un tercero corría hacia mí, persiguiendo el balón. Casi lo alcanzó, pero el balón pegó en una roca, salió rebotado y trazó una curva por el aire en mi dirección. Me situé debajo, lo paré con el pecho y solté una volea con el pie derecho. Cayó a plomo justo a los pies del hombre, que lo controló, gritó: «¡Buen pase!», y esperó a que me situara a su altura. Cuando lo hice, pronunció mi frase favorita:

–¿Hace una pachanga?

Fue un partido inolvidable. Jugamos cinco contra cinco, pero el terreno era tan rocoso y tenía tantos baches que era como si hubiera cien jugadores invisibles en el campo. Dabas un buen pase largo y de pronto el balón rebotaba en algo y volvía hacia ti, o se desviaba hacia la izquierda y tenías que ir otra vez a por él. Era fútbol de alto riesgo. Uno tenía la sensación de que jugaba contra la montaña. Fue absolutamente febril y perdimos por 5 a 3. Yo pegué un cañonazo que hubiera sido un gol de manual si hubiera llegado a entrar. Dejé bien alto el pabellón del Equipo Hughes.

Al acabar, uno de los hombres me dio una lata de Sprite y nos sentamos todos en una roca a ver cómo se ponía el sol. En el momento en que se metió detrás del monte Blaenau, toda la bruma del valle se puso roja como una señal de alarma, igual que si alguien hubiera apretado un interruptor. Y una voz detrás de mí dijo:

–Puro Turner. Un crepúsculo así casi hace que valga la pena estar en Gales.

Era Lester.

Volví la mirada. Se quedó muy sorprendido de verme.

–¿Cómo diablos has llegado hasta aquí?

Uno de los hombres le explicó que había subido andando.

–¿Que has subido hasta aquí caminando desde abajo? –hacía que sonara como si hubiera ido a pie hasta la luna.

–Nos preguntábamos si les apetecerían unos pasteles.

–¿Cómo?

–Tengo aquí una lista... –y le pasé el menú, pero él se lo entregó al hombre que me había dicho si quería jugar una pachanga.

–Tenemos nuestros propios proveedores de comida –dijo Lester–. No necesitamos nada.

–Pero ya que ha venido andando hasta aquí... –intervino el hombre de la pachanga.

Lester estaba ya empujándome hacia el Tecnódromo, diciendo:

–Ya sé yo para qué has venido.

–¡Lo colgaré en la pared de la cantina! –voceó el hombre a mi espalda.

–Bien, bien –dijo Lester sin mirar atrás ni aflojar el paso.

No me importó. Me interesaba saber qué había dentro de la bóveda, y si me volvía a preguntar algo sobre Miguel Ángel, ningún problema: sabría qué contestar. Probablemente.

La bóveda por dentro me resultó decepcionante. Estaba llena de ordenadores, teléfonos y sillas, como un verdadero cuartel general, pero no tenía una pantalla enorme en la pared en la que pudieras ver fotos de los enemigos tomadas desde un satélite, ni una rata robot, ni un depósito secreto de mutágeno. Allí lo único que había era un hombre con camisa blanca hablando por teléfono. En una esquina se veía un caballete con un cuadro encima y una luz brillando sobre él. Lester le dijo al hombre:

–Este es el chico. El del ojo clínico. Ha venido caminando hasta aquí, imagínate. Caminando. Como Rafael. ¿Sabías que Rafael fue andando desde Urbino hasta Roma para ver los dibujos de Miguel Ángel?

«El del ojo clínico»... Me gustaba cómo sonaba aquello. Me acerqué al cuadro mientras me imaginaba a mí mismo diciendo: «Sí, claro, la Capilla Sixtina», o «Nadie celebra como Miguel Ángel la belleza de la forma humana», pero al llegar a la pintura me quedé helado. Esta era diferente. Fuera lo que fuese, no era una forma humana. Y tuve la desagradable sensación de que tampoco era de Miguel Ángel. Era un cuadro lleno de frutas, cajas y unas cuantas nueces. Es cierto que parecían reales, pero no eran más que... Bueno, pues la compra del día. Aquello podría haber sido un anuncio. ¿Aunque quién iba a pintar un anuncio de nueces?

Lester estaba al teléfono, hablando con Tom.

–Sí, ahora mismo está aquí arriba. Ha venido andando desde allí. No puedo permitir que vuelva a pie. Ha oscurecido, pero lo cierto es que no puedo dedicar un conductor a bajarlo. ¿Podrían venir a recogerlo? ¿Sí? Maravilloso.

Pensé: «Bien, y daos prisa». Porque... ¿nueces? ¿Qué puede uno decir sobre unas nueces?

Lester volvió, se colocó detrás de mí y empezó a contarme cómo, a pesar de que la National Gallery estaba cerrada por problemas con los seguros, habían decidido exponer allí un cuadro por semana en una sala especial.

–En estos momentos, las cosas están muy difíciles en Londres, así que la idea es enviar cuadros que animen y levanten la moral a la gente. ¿Qué piensas? ¿Crees que esta servirá?

Intenté imaginarme lo difíciles que tienen que ponerse las cosas para que una nuez pueda levantarle a uno la moral. Y ni siquiera una nuez: la pintura de una nuez. Luego recordé que papá estaba en Londres y me pregunté si estaría pasándolo mal. Me olvidé un poco de que Lester estaba allí y debí de poner cara rara, porque me preguntó si me encontraba bien. Yo no quería contarle lo de papá, pero no sabía qué otra cosa decir. Por suerte, en ese momento llegó el hombre de la pachanga.

–Debería echarle un vistazo a esto –dijo, y le dio a Lester el menú de los pasteles.

Lester empezó a leerlo, luego empezó a sonreír y después soltó una carcajada.

–¿Lo has hecho tú? –preguntó.

Era mi oportunidad. Podía decir: «No, ha sido mi hermana», y la conversación consistiría en comentar que ella era la más lista y que todo aquello había sido un malentendido. Pero antes de que pudiera abrir la boca, Lester dijo:

–Demasiado modesto. ¿Quién más podría ser? –y añadió–: Bien, creo que pediremos alguno de estos pasteles, ¿no te parece?

–¿De verdad? ¿De verdad va a pedirlos? ¡Eso es fantástico!

–Pues sí, ¿por qué no? –volvió a examinar el menú–. Quién lo hubiera pensado. Tú realmente vives y respiras el arte, ¿no es cierto?

–Bueno –farfullé–. Lo intento, no sé...

Señaló el cuadro y dijo:

–Como este Meléndez. Seguro que ya conoces la historia.

¿Y qué decía yo ahora? Si decía que no, podría sonar estúpido. Si decía que sí, a lo mejor Lester me ponía a prueba. De modo que seguí mirando la pintura sin pestañear.

–Ay, lo siento, disculpa –dijo–. Es la primera vez que lo ves de verdad, claro. Este debe ser un momento muy especial para ti.

Se apartó y se sentó a su mesa. Yo estaba atrapado: si desviaba la mirada del cuadro, sería inevitable que Lester se pusiera a hacerme preguntas. Así que tenía que seguir mirándolo. Y allí me quedé plantado, mirando y mirando. Las nueces no se pusieron más interesantes, pero yo empecé a necesitar ir al retrete. Intenté aguantar. Intenté no pensar en ello. Pero terminé dando saltitos sobre las puntas de los pies.

Cuando llegó Tom, Lester le chistó y me señaló.

–Lleva así media hora –dijo–. Su poder de concentración es extraordinario. Nunca he visto una cosa igual.

Luego se dirigió a mí:

–Dylan, ¿estás ya en condiciones de emitir un juicio?

–Tengo que hacer pis –dije, y salí corriendo.

Cuando volví, Lester aún estaba hablando de mí.

–Totalmente absorto. Hasta se olvidó de su vejiga mientras estaba ahí de pie.

–Bonito cuadro, eso sí –dijo Tom.

Lo estaba mirando muy de cerca, como si intentara elegir la mejor nuez.

–Sí, pobre Meléndez. Era un artista brillante, como puedes ver, pero por culpa de la política de su tiempo fue expulsado de la corte. Quería pintar grandes cuadros, escenas de batallas y cosas así, pero, claro, esas cosas son muy caras. Se necesita mucha pintura y mucho tiempo. Y como había tenido sus diferencias con el rey, no consiguió encontrar un mecenas que le pagara por ese trabajo. Así que no hubo nada que hacer: se quedó igual que estaba. Solo pudo pintar lo que tenía más a mano, normalmente cosas de comer.

–Lo que es yo, prefiero mil veces ver esto que una batalla –repuso Tom.

Estuve a punto de decirle: «Tú prueba a pasarte media hora mirándolo, majo. Verías como entonces te apetecería que fuera una batalla», pero Tom seguía mirando la pintura como si realmente le gustara.

–¿Conoces la historia de Proust y los bodegones? –preguntó Lester.

Esta vez no iba a dejarme pillar, así que dije:

–No.

–Bien, pues un amigo de Proust fue a visitarle. Era un hombre de cierta edad, que dijo que le aburría la vida que llevaba y que necesitaba emociones y belleza. Proust le dijo que fuera a contemplar unos bodegones como este. Que ellos le enseñarían que la belleza podía encontrarse en los lugares más aburridos: en los pucheros y las cazuelas de su propia cocina.

Tom seguía mirando el cuadro sin parpadear.

–¿Son naranjas? –preguntó.

–Sí. Naranjas, un melón y, evidentemente, unas nueces. Podemos especular sobre el contenido de las cajas, pero me imagino...

–Jamás he visto naranjas que tuvieran aún el trocito de rama asomando por la parte de arriba. Quiero decir que ya sé que crecen en los árboles, pero no las había visto nunca con esa cosa, ya sabe, el rabillo.

–Interesante –dijo Lester–. Y además, parecen bien maduras. Perfectas para comérselas, aunque también se intuye de algún modo que no van a durar mucho. Como ya he dicho alguna vez, es un instante de belleza escamoteado a la putrefacción –miró hacia donde yo estaba–. Bien, Dylan. Quizá deberías pintar tú un cuadro. Una pintura que nos mostrara la belleza oculta de Manod.

Me quedé tan sorprendido que olvidé ser educado.

–La belleza de Manod no está oculta –dije sin contenerme–. Manod es precioso. ¡Eso lo ve cualquiera!

–La verdad es que cualquiera no puede verlo. Se necesita a alguien especial para ver la belleza de un lugar como este.

–¡No es cierto! ¡Cualquiera puede verla! ¡Díselo, Tom!

–Ah, desde luego. Manod es una maravilla de pueblo.

La verdad es que Tom no quería marcharse: prefería seguir mirando las nueces. Yo salí al exterior, me subí al Wrangler y estuve tocando el claxon hasta que vino.

Al bajar de la montaña, estuve pensando todo el camino. ¿Cómo podía estar nadie tan equivocado con Manod? Y justo mientras lo pensaba, salimos de una curva y apareció el pueblo, acurrucado en el valle.

La pizarra húmeda de los tejados era de un azul brillante, y de todas las chimeneas surgían volutas azuladas de humo.

–¿Cómo ha podido decir una cosa así? –dije–. ¿Cómo puede ocurrírsele siquiera?

Pero lo que estaba pensando en realidad era: «Pobre papá». Y: «Vamos a ver: ¿cómo puede compararse un cuadro de unas nueces con una montaña vuelta del revés?». Entonces vi mi balón, el que se me había caído antes, atrapado entre dos rocas, y Tom me dejó salir a recogerlo.

Mamá salió a abrir la cancela. No parecía muy contenta. Ya antes de que aparcáramos, empezó con el «¿Puede saberse dónde te habías metido?», etcétera, etcétera. Cuando entramos en la tienda se le unieron también las chicas. Yo esperé a que todas hubieran terminado y entonces les conté lo del pedido de pasteles.

–¡Colosal! –dijo Marie.

–¡La bomba! –dijo Minnie.

–¿Cuántos? –dijo Marie.

–¿De qué tipo? –dijo Minnie.

Reconozco que quizá debería haber sabido la respuesta a las dos últimas preguntas. Pero al final no importó, porque el lunes bajó una furgoneta y, cuando Tom le abrió la cancela, el conductor le dio un pedido por escrito. ¡Como debe ser!

–Déjame verlo –dije yo.

Y él me dio el papel diciendo:

–He estado hablando con el conductor. Se lleva ese cuadro a Londres.

–Bien.

El papel era un pedido de una docena de caprichos Constable y un pastelillo Picasso. Repito lo que dije entonces:

–¡Cowabunga!

Tom se quedó inmóvil, contemplando cómo la furgoneta se alejaba valle abajo. Lester, que iba en el asiento del pasajero, nos saludó con la mano.

–Se ha ido –dijo Tom–. Se ha ido a Londres. Lo más seguro es que no lo volvamos a ver.

–¿De qué hablas, Tom?

–Del cuadro, Dylan.

–¿El de las nueces?

–A mí lo que me impresionó fueron las naranjas.

–Ya.

–Todo está cambiando siempre, ¿no crees? Hasta la montaña está cambiando. Cada segundo de cada día somos un minuto más viejos.

Pensé en ello un momento. Luego dije:

–No estoy seguro de que sea exactamente así, Tom. Pero sé lo que quieres decir.

6 mayo

Coches hoy:
LEXUS AZUL: señor Choi

Tiempo: sol a ratos

Nota: LOS CUADROS SON COMO EL MUTÁGENO

Este es el día en que el señor Choi le ofreció por fin un trabajo a Tom. A pesar de que no era el trabajo que quería, fue una buena cosa.

El pastelillo Picasso fue fácil de hacer. Era un pastel de manzana normal cubierto con hojaldre del que sobresalían una gran nariz y un ojo también de hojaldre. Una compota de manzanas la hace cualquiera; Marie sabe hacer hojaldre, y Max estaba encantado jugando con los trozos que sobraban. De hecho, usamos para el ojo uno de los trozos con que jugaba.

Lo de los caprichos Constable con chispas de chocolate fue mucho más difícil. En Sinenvase no venden chispas de chocolate, así que tuvimos que usar M&M de la tienda. Son muy ricos, pero cuando los pones encima de la crema del pastel, no quedan bien: te miran fijamente, como si fueran ojos. Minnie propuso que los quitáramos de la crema y los partiéramos en trocitos pequeños. Lo que no propuso nadie es que Max echara una mano. Y, a su modo, eso hizo. Era excelente machacando botones de chocolate, pero no se le daba tan bien devolvérnoslos. Además, fue durante esa fase cuando probó la crema pastelera, y a partir de ese momento su actitud fue la de un tiburón que ha olido la sangre. Intentamos mantenerlo alejado del cuenco, pero gritó y gritó. Así que tuvimos que calmarlo con una buena cucharada. Mientras se la comía, bajamos la guardia y él se embadurnó la cara de crema. Parecía un desperdicio lavársela, de modo que dejamos que se quedara allí sentado y se limpiara la cara a lametones. No se limpió mucho, pero estuvo feliz.

Volvimos a poner los M&M partidos y aquello seguía sin tener buena pinta. Como dijo Minnie: «La proporción de chocolate y crema pastelera se ha desequilibrado en favor del chocolate». Los pasteles terminados parecían trozos de M&M pegados con un poquito de argamasa pastelosa.

A mamá no le gustó el estado de las manos de Max. Ni el de la cocina. Ni la cantidad de M&M que habíamos usado.

–Por favor, dejad de zamparos las cosas de la tienda –dijo–. Son nuestras existencias. Es como si os sentarais a comeros el dinero.

–Tranquila, mamá –dijo Minnie–. De todas formas, hemos decidido externalizar la manufactura.

Eso consistía en pedirle a la madre de Tom que nos hiciera los pasteles ella. Dijo que los haría encantada. Nuestra única tarea era conseguir pedidos y proporcionarle los ingredientes.

–Puedo haceros lo que queráis –dijo–, pero nunca he oído hablar de las tartaletas Tiziano.

–El nombre fue un invento nuestro. Puede hacerlas con lo que le apetezca –le explicó Minnie–. Deje volar su imaginación.

–Bueno, no es que lo haya practicado mucho últimamente, pero lo intentaré.

Los hombres de la montaña nos pedían pasteles todos los días, y pasteles diferentes cada vez. A veces sobraban algunos, así que los vendíamos en la tienda. Pronto estábamos vendiendo más pasteles que ninguna otra cosa. Y después de lo que hizo Tom en el escaparate, empezamos a tener más visitantes que nunca.

Tom no paraba de hablar del cuadro de las nueces y de que nunca iba a volver a verlo porque se lo habían llevado a Londres. Hasta que un sábado por la mañana, nos lo encontramos en el escaparate de la tienda cambiándolo todo de sitio. Había bajado al Sinenvase y había comprado bolsas enormes de cantidad de cosas: jabón en polvo, uvas pasas, copos de avena, pipas de calabaza, cacahuetes... De todo. Y a continuación, había quitado del escaparate el anticongelante y el líquido limpiaparabrisas y los había sustituido por grandes pilas de toda aquella compra disparatada. Había hecho una especie de alfombra de jabón en polvo y había apilado un montón de uvas pasas en una esquina, junto a otro montón de copos de avena. Luego había colocado cartones pequeños de leche y de zumo alrededor del conjunto, además de algunos elementos de una barbacoa.

–He pensado que, si no sé pintar, eso no significa que no pueda hacer un bodegón para mirarlo, ¿no?

–Cierto –le respondí.

–¿Has pensado alguna vez en birlar por las buenas el bodegón original para mirarlo? –preguntó Minnie.

–No, no lo he pensado. Me he rehabilitado.

El escaparate de Tom les gustó a todos los que lo vieron, pero el señor Choi fue el primero que se animó a copiarlo. Dijo:

–Esto está bien. ¿Lo hiciste tú? ¿Podrías hacerme uno a mí?

Tom no hablaba normalmente con el señor Choi, ni ponía los pies en su tienda después de que el señor Choi hubiera arruinado su vida al darle el trabajo a la chica pelirroja. Era natural. Pero el señor Choi dijo:

–Te daré diez libras.

Y con eso se ganó a Tom.

El escaparate del señor Choi estaba vacío, aparte de un gran pez de cristal azul y un anuncio de pastel de pescado. Tom lo quitó todo y puso una enorme cesta volcada de la que salían cebollas y deliciosas patatas nuevas desparramándose por todas partes. Y entre las patatas puso trozos de sedal y corchos de pesca y una red, y solo con mirar todo aquello te entraba hambre. Lo hizo a primera hora de la mañana del lunes, así que todos se pararon a mirar camino de la escuela.

Después de dejar a sus hijas, el señor Elsie, el farmacéutico, llamó con los nudillos al escaparate del señor Choi y le preguntó a Tom si no le importaría hacer lo mismo en su tienda cuando hubiera terminado. El escaparate del señor Elsie tenía un enorme pie de cartón que anunciaba parches para los callos. Cuando Tom fue allá, encontró en la rebotica todo tipo de botellas antiguas y las colocó en el escaparate, junto a un retrato de un hombre viejo con un almirez y un mazo. El señor Elsie también le dio a Tom diez libras.

El escaparate de la Tienda Benéfica del Equipo de Rescate de Montaña de Snowdonia sí que era un follón, lleno de montones de libros y ropa vieja. No podían pagar a Tom, pero le dijeron que podía escoger algo de la tienda. Él se quedó con una linterna de esas de manivela, y el martes fue allí y vistió de montañero a un maniquí viejo: gorro con borla, botas... todo el equipo. Le colocó un libro para que leyera, le puso una chaqueta de punto y le encajó una plancha de la ropa en la mano libre. Lo de la plancha quedó un poco demencial, pero era tal ganga que se vendió aquella misma tarde.

El escaparate de la tienda de prensa de la señora Porty estaba siempre lleno de avisos y anuncios. Hasta que llamó a Tom, que despejó el espacio y puso un estante en el escaparate y, sobre él, todos los tarros con caramelos de distintos sabores. No parece gran cosa dicho así, pero fue lo mejor. Cuando les daba el sol, parecían tarros llenos de gotas de lluvia de colores, o de joyas o algo por el estilo.

Hasta el Spar le contrató. Tom quitó el gran letrero verde de Spar y lo cambió por una gran fotografía del monte Manod. Quedaba raro, pero en el buen sentido, porque la montaña de verdad asomaba por detrás de su propio retrato.

Los nuevos escaparates salieron hasta en la prensa, mirad:

REGALAR LA VISTA

Ir de escaparates a la calle Blaenau se ha convertido este mes en una auténtica fiesta para la vista, con alardes que pueden compararse con las mejores vitrinas de Londres o de Cardiff,

> aunque yo no haya estado nunca en esos lugares. La espectacular transformación la inició Tom Egerton, cuyo *Bodegón con frutos secos* en la estación de servicio El Oasis es ya un hito en nuestra villa. Tom (antes conocido como Tom el Majadero) dice que la idea se la inspiró la contemplación de una obra de arte (cuyo nombre Tom no recuerda, ni desea revelar dónde la vio). Los nuevos escaparates podrían atraer a nuevos visitantes si algún día oyeran hablar de ellos. Yo he cumplido con mi parte, aunque nadie que no viva en Manod lee esta revista y, no nos engañemos, si ustedes viven en Manod se habrán enterado ya de todo ello.

¡«Las mejores vitrinas de Londres o de Cardiff»! ¡«Espectacular transformación»! Era como lo de las Tortugas, que eran unas mascotas corrientes hasta que alguien las tiró por la alcantarilla. Cayeron en un charco de mutágeno y eso fue lo que las convirtió en mutantes. Y si no hubieran sido mutantes, no hubieran podido llegar a ser Ninjas. Si piensa uno en ello, el cuadro de las nueces fue como el mutágeno: transformó nuestro pueblo.

7 mayo

Coches hoy:
FURGONETA LUTON VERDE: Brake Brothers
(subió por la pista de la montaña)
GRAND CHEROKEE V8: Elsa Sellwood y hombre
de Brake Brothers
BMW M5 NEGRO CARBÓN: Lester (compró y dejó
pedidos para todo tipo de cosas: pan, periódicos...
¡toneladas de productos!)
FORD KA ROJO: señorita Stannard
(bolsa grande de Revels)

Tiempo: calabobos

Nota: AVISPAS DELINCUENTES

Ya sé que no lo parece, pero este día fue un miércoles. Supongo que el conductor de Brake Brothers no lo sabía. Bueno, probablemente sí sabría que era miércoles, pero no que era un miércoles de los de Manod, si entendéis lo que quiero decir.

La Fiera Evans había estado más fiera que nunca desde que se había ido su padre. Por ejemplo, cuando la señorita Stannard la regañó por estar distraída en clase de matemáticas, se levantó, se puso delante de todos, cogió unas tijeras de la mesa de dibujo y se cortó las coletas. Todo el mundo se quedó boquiabierto menos la señorita Stannard, que recogió las coletas, las metió en una bolsa de plástico y se las devolvió a la Fiera.

–Por si alguien las quiere de recuerdo –dijo.

Como su padre me había dicho que no la perdiera de vista, en clase de dibujo me senté al lado de la Fiera. Se suponía que teníamos que hacer pinturas de nuestro pueblo para mandarlas a Gumbi. Yo estaba pintando la montaña y ella también. Le propuse que pintáramos la mitad cada uno y así hacer una pintura grande en vez de dos pequeñas. No dijo nada, pero puso su pintura junto a la mía. Entonces le dije:

–¿Te apetecen unas pataditas durante el recreo?

–¿Por qué me lo preguntas?

Yo no sabía si hablarle o no de su padre, así que me limité a encogerme de hombros.

–¿Es porque tengo el pelo corto? –insistió.

–No, es porque me apetece de verdad dar unas patadas.

–¿Se supone que me tienen que gustar los juegos de chico porque ahora llevo el pelo corto? –y me dio un codazo en el pecho que me hizo caer de la silla.

Esta vez la señorita Stannard había visto perfectamente lo ocurrido, pero lo único que hizo fue decirnos a todos que enseñáramos nuestras pinturas levantándolas en el aire.

Casi todos habían pintado la montaña menos Jade Porty, que había pintado su propia casa, y Minnie, que había pintado la marquesina del autobús.

–¿Alguien puede observar algo en estos dibujos? –dijo la señorita Stannard–. Buscad lo que tienen en común.

–Que no están secos, señorita.

–¿Alguna otra cosa? ¿Ninguna? ¡QUE SON TODOS GRISES! Todos ellos son completamente grises. Se supone que tenemos que dar ánimo a nuestros amigos de

Gumbi, no inducirlos al suicidio. Si ven estas pinturas, organizarán una colecta para ayudarnos a nosotros. Pintad algo que tenga colores, por favor.

La Fiera pintó una escena de un niño recibiendo un puñetazo, con sangre muy roja brotándole a chorros. No se parecía mucho a mí, pero yo soy el único chico del pueblo. No perdí la calma, pero volví a casa dando un rodeo y no por la calle mayor.

Si va uno por las calles de atrás, disfruta de una vista muy buena de la montaña. Estaba allí cuando vi que el coche de las hermanas Sellwood se dirigía hacia el pueblo a mucha más velocidad de la habitual. Cuando llegué a la calle de Blaenau (carretera B5565), vi que todos caminaban muy rápido, tratando de meterse en casa antes de que llegaran las hermanas. El coche dobló la esquina y todo el mundo saltó a las entradas de las tiendas para esperar a que pasara. Pero no pasó. Aparcó junto a la acera y el conductor bajó la ventanilla. Y no era ninguna hermana Sellwood, sino el hombre de Brake Brothers.

–Chaval –me dijo–, tú eres de la gasolinera, ¿no? ¿Sabes si tienen una grúa ahí arriba?

–Claro que tenemos –dije yo–. Un Wrangler con 95.000 kilómetros en el contador.

Creo que le impresioné. Estaba hablándole de las defensas cromadas de la versión especial cuando vi que el parachoques del Grand Cherokee de las hermanas Sellwood tenía un serio abollón, y que Elsa en persona ocupaba el asiento del pasajero.

–Veo que lleva a una hermana Sellwood con usted.

–¿Estamos ya en el Spar? –preguntó ella.

–No, señorita Elsa, solo en el pub.

–Oh, pero yo no deseo ir al pub...

–¿Conoces tú a esta señora ? –me preguntó el hombre.

–Sí, es una de las hermanas Sellwood.

–¿Sabes que está ciega? Iba conduciendo y está ciega. Venía derecha hacia mí y no redujo la velocidad en ningún momento. Casi la mato. Y casi me mata. Tuve que dar un volantazo para evitarla.

–¿Se encuentra usted bien, señorita Sellwood? –pregunté.

–Estupendamente, gracias, Dylan. Pero Edna está fastidiada de los nervios. Por eso tenía que bajar a por sus medicinas.

–Pero eso es peligroso, señorita Sellwood. Tenía que haberle pedido a mi madre que la recogiera.

–No deseaba causarle ningún trastorno. De todos modos, este amable joven se está ocupando ya de mí. Y debo decir que lo está haciendo estupendamente.

–¿Está bien, entonces?

–Está muy bien –contestó el hombre en un tono algo áspero, la verdad–. Y su coche también. En cambio, mi furgoneta está patas arriba.

–Vaya. Cuando dice patas arriba, ¿quiere decir que ha volcado?

–Sobre un costado. Por eso necesito la grúa.

–Perfecto. Ningún problema.

Pero yo no pensaba dejar ahí la cosa. Esta era la típica oportunidad para hacer un poco de investigación de mercado.

–¿Y se ha caído también la comida? –pregunté.

¡Que si se había caído! El hombre había perdido todo el cargamento, y confesó que los hombres de la montaña lo estaban esperando con impaciencia. Debían de estar muertos de hambre. Era el momento. ¡Había sonado la hora de convertirnos en una potencia del catering!

Esta es la lista de tareas que desarrolló el Equipo Hughes aquella tarde: Tom condujo la grúa; yo puse todo el asunto en marcha gracias a la magia de mi investigación de mercado; Minnie fue la cabeza organizadora; Marie se ocupó de hacer funcionar la grúa; y mamá... Bueno, mamá no pareció interesarse demasiado, la verdad. Supongo que Max la tenía ocupada.

Minnie tuvo la brillante idea de que lleváramos con nosotros todas las existencias de Pot Noodles, en vista de la gran oportunidad. Cuando lo consultó, mamá solo le dijo:

–Si te apetece... –y siguió plantada detrás del escaparate.

Era una desventaja no poder contar con el capitán, pero eso nos hizo empeñarnos aún más en darle motivos para estar orgulloso de nosotros.

Hay gente que a veces se asombra de que Marie sea tan hábil con las máquinas. Lo que pasa es que papá tiene que leer cantidad de revistas de coches para su trabajo, y siempre tienen en la portada una mujer muy guapa. Por eso Marie creyó siempre, desde que era muy pequeña, que a las mujeres guapas les interesan los coches. Y ella es muy guapa. Además, papá siempre nos ha animado a que aprendamos cosas sobre los motores. Incluso a mí, hasta la confusión del aceite y el anticongelante para el Fiesta de la señorita Stannard, que podía haberla tenido cualquiera. Y así es como Marie llegó a ser tan hábil con las máquinas. Igual que Donatello (la Tortuga).

Al subir en el coche por la montaña, íbamos todos cantando la canción de las Tortugas Ninja:

Splinter las enseñó a ser jóvenes Ninjas
(¡es rata radical!).
Leonardo, el que guía; Donatello, el manitas
(¡es de lo más normal!);
Rafael, el más tronco, pero también muy bronco
(¡déjame ya, chaval);
y Miguel Ángel: ¡Viva! ¡La juerga está servida!
(¡Fiesta! ¡Fiesta total!)

Hasta la señorita Sellwood intentó sumarse al coro.

Cuando llegamos arriba, había cajas de cartón esparcidas por todo camino. La lluvia las había reblandecido, y la mayor parte habían reventado. Se podían ver los envases de alimentos congelados que tenían dentro. La gran furgoneta de color crema estaba tumbada y encajada en la cuneta, con los bajos al aire. Lester caminaba de un lado a otro con gesto de preocupación.

–Seguro que vendemos los Pot Noodles –dijo Minnie.

–¡Eh! –dijo Marie–. ¡Aquí hace sol! ¿Cómo es que hace sol? ¿Cuánto tardará una en ponerse morena? –se quitó el jersey y se remangó la blusa.

Tom estaba enganchando el elevador de la grúa en el eje delantero de la furgoneta. Lester se acercó y le preguntó:

–¿Crees que es muy serio?

–Bueno, está claro que pueden olvidarse de volver a congelar nada que tenga carne. Otras cosas, como la lasaña, se descongelan más despacio, y ahí a lo mejor tienen más suerte.

–Hablaba de la furgoneta –dijo Lester–, no de la comida.

–Ah. Ya veo. Pues para eso será mejor que hable con Marie. Yo, en realidad, no soy mecánico; solo ayudo en la gasolinera –y agitó las manos en dirección a Marie, que estaba en el asiento del conductor de la grúa.

Las cadenas se tensaron, el tubo de escape soltó una bocanada de humo y, de pronto, la furgoneta empezó a enderezarse muy despacio, como cuando uno no quiere levantarse de la cama. Luego, cuando estaba ya casi derecha, dimos todos un paso atrás y cayó bruscamente sobre las cuatro ruedas, quedándose plantada en medio del camino como si nada hubiera ocurrido.

Tom empezó a soltar las cadenas. Marie salió del coche y le dijo al conductor:

–Yo que usted intentaría moverla. A lo mejor ha salido bien librada: el suelo está blando y no iba usted muy rápido.

Y tenía razón: arrancó a la primera. El conductor estaba encantado.

–Me vuelvo a Birmingham a denunciar a la vieja. Volveré cuando esté entre rejas –dijo.

–Oh, no haga eso –dijo Marie–. Solo sale de casa los miércoles. Lo que tiene que hacer es venir otro día de la semana. Dígaselo, Lester.

Lester fue a decir algo, pero el conductor dio media vuelta con la furgoneta y se fue monte abajo, aplastando en el trayecto una caja grande de alitas de pollo congeladas. La furgoneta tenía un círculo de giro sorprendentemente cerrado para la considerable distancia entre sus ejes.

A la señorita Sellwood no parecía importarle que se hablara de ella.

–Todo esto es muy emocionante –dijo–. No he visto tanta gente en la montaña desde la guerra. ¿Saben que trajeron todas las pinturas de la National Gallery y las metieron en la cantera para que Hitler no les tirase bombas?

–Sí –dijo Lester–. Ya lo sabía. Ahora estamos haciéndolo otra vez.

–Ah, pero no es necesario –repuso la señorita Elsa–. Hitler ya se ha muerto.

Lester trató de explicarle lo de los problemas con las inundaciones y el seguro, pero la señorita Elsa estaba lanzada recordando la guerra.

–¿De modo que estuvo usted aquí la otra vez? ¿Recuerda la noche en que celebramos un baile al aire libre, junto a la peña grande?

–No. Me temo que aún no había nacido –respondió Lester.

–Qué lástima. Fue una noche encantadora. Pero usted tiene interés por el arte, espero...

–Sí. Es mi trabajo.

–A nuestro padre le encantaba pintar –siguió diciendo la señorita Elsa–. Pintaba constantemente. Tiene usted que visitarnos para ver sus pinturas. Las apreciaría más que la mayoría. Más que yo, en todo caso. Soy ciega, ¿sabe?

–Sí –contestó Lester–, creo que ya lo hemos comentado.

Marie y Minnie sacaron las cajas de Pot Noodles de nuestro coche y las llevaron al de Lester.

–No es alta cocina, precisamente, pero les sacará del apuro –dijo Marie.

–Muy generoso por su parte. ¿Pot Noodles? –dijo Lester, pronunciándolo de una forma que se veía que no lo había oído nunca antes.

Marie explicó que lo único que había que hacer era añadir agua («O sea, agua hirviendo»), y que había un surtido de sabores a elegir. El hombre que me había invitado unos días antes a jugar al fútbol apareció y dijo:

–Muchísimas gracias. Nos habéis salvado la vida –luego me dirigió un guiño y dijo–: Lástima que no hayáis podido salvarnos el cocido.

–Ah, claro –mascculló Lester–. A propósito, ¿cuánto os debemos?

Me puse a pensar: cincuenta y tres Pot Noodles a una libra setenta y cinco cada uno eran...

Pero Marie dijo:

–No, no. Somos vecinos. Solo queremos ser hospitalarios.

–Ah. Bien. Pues muchísimas gracias.

Cuando volvimos al Wrangler, Tom dijo:

–Cincuenta y tres Pot Noodles a una libra setenta y cinco cada uno son...

–Noventa y dos libras con setenta y cinco –dijo Minnie.

–Un montón de dinero –remachó Tom.

–Ya sé que parece una estupidez rechazar ese dinero –dijo Marie–, pero tenía la sensación de que es lo que papá habría hecho. Y si es lo que él habría hecho, tiene que haber un buena razón.

Es curioso, pero yo estaba pensando exactamente lo mismo. Al bajar de la montaña, cantamos durante todo el camino «El Equipo Hughes marcha siempre unido; nunca, nunca, nunca se da por vencido». Con la música de las Tortugas de la tele. No la versión original, sino la nueva.

¡Teníamos razón en lo de la buena razón!

Estábamos ya cerrando cuando vino la señorita Stannard a comprar chocolate. Siempre viene a por chocolate cuando vamos a cerrar. Marie dice que es porque probablemente se pasa toda la tarde intentando no pensar en el chocolate para no comerlo, pero en el último minuto no puede más, salta al coche y viene corriendo a la gasolinera.

Estaba tratando de que mamá la ayudara a escoger entre las pastillas de chocolate Revels y las Minstrels cuando llegó Lester. La señorita Stannard le dirigió una gran sonrisa y le preguntó qué prefería, si las Revels o las Minstrels.

–En realidad nunca he pensado en ello –contestó Lester.

–Qué contrariedad. De todos modos, ahora que está en Manod, tendrá usted mucho tiempo para pensar en cosas en las que nunca pensó antes.

–Sssssssssssssssí –dijo Lester muy, muy lentamente–. Sssssssí –y miró a mamá–. Solo quería darle las gracias por todo lo que han hecho ustedes hoy. Me estaba preguntando si hay algo que nosotros podamos hacer para corresponderles.

Allí estaba. Nuestra gran oportunidad. Todos miramos a mamá. Que pusiera ella el precio.

–Oh, no se preocupe. Me encanta haber perdido de vista esos Pot Noodles, si le soy sincera.

Lester pareció algo sorprendido.

–Ya... Estaba pensando... Muchos de mis hombres han estado quejándose del pan que recibimos de nuestro proveedor, y se me ha ocurrido de pronto que quizá ustedes...

–Sí –ese era yo, no mamá–. Sí que podemos suministrarle pan. ¿Y qué hay de la leche?

–Desde luego. Sí. Leche. Gracias.

–¿Cuánta?

–Bueno, allí arriba somos doce en total, así que...

–Seis litros de leche y hogazas cortadas en rebanadas. ¿Blancas o integrales?

–Cinco de cada, supongo.

–Estupendo. ¿Y los pasteles?

–Bien, los pasteles parecen ser muy populares.

–Estupendo.

Miré a mamá. Aún no parecía estar tomándose demasiado interés, a pesar de mi brillante actuación.

Entonces Minnie estuvo brillante a su vez.

–¿Están todos sus hombres bien servidos con el *Financial Times*? –preguntó; a mí jamás se me hubiera ocurrido algo así.

–Ah. Pues no. No lo están. ¿Qué me sugiere? ¿El *Mirror*?

–Cinco *Mirrors*. ¿Y quizá un par de *Guardians*?

–Sí, suena bastante bien.

–Lo pondré en su cuenta. Y el *Manod Mensual*, que le tendrá al corriente de lo que pasa por estos alrededores –dijo Minnie.

–¿Pasa algo por estos alrededores? –replicó Lester, y luego hizo un ruidito como un je-je, pero nadie le hizo eco–. Bien. Pues gracias otra vez. Si están seguros de que no puedo hacer nada más, me voy ya.

Fue entonces cuando la señorita Stannard dijo:

–Podría enseñarles las pinturas a los niños.

Lester frunció el entrecejo.

–¿Niños?

–Yo soy la maestra del pueblo. Sería maravilloso enseñarles esos cuadros...

–Me temo que no va a ser posible. Tenemos unas normas de seguridad, protección e higiene. En realidad, ni siquiera deberían ustedes saber que las pinturas están aquí –añadió clavando los ojos en mí.

–Nunca volverán a tener una oportunidad como esta –insistió la señorita Stannard.

–Me temo que tampoco disponen de esa oportunidad ahora mismo.

–Tienen una necesidad acuciante de estimulación visual. Le diré que hace poco, en una clase de arte, todo lo pintaron gris. El amarillo ocre, el carmesí, el magenta... Ni tocarlos.

–Ojalá pudiera ayudarla –dijo Lester.

–Cuando vallaron el lago del parque, el ayuntamiento encargó a un artista local que pintara un mural en la valla. Sugerí unas escenas de la leyenda del rey Arturo. O algo relacionado con la geología. ¿Sabe qué tema votaron? Escenas de la vida de Elvis Presley. Incluyendo, como remate, el encuentro del Rey del Rock con el señor Davis en el Ahorrohogar. Vaya y lo verá. En estas tierras no hay aprecio por el arte.

–Si no lo aprecian, parece una pérdida de tiempo arrastrarlos hasta lo alto de una montaña para contemplarlo.

–Usted consúltelo con su almohada. Y deme un telefonazo cuando lo haya pensado bien –la señorita Stannard escribió su número en la primera página del *Financial Times* y se marchó.

Lester miró a mamá.

–Le aseguro que no será posible –dijo.

Ella se encogió de hombros.

–Muy bien. Como usted quiera.

Que no es el tipo de cosa que dice normalmente.

Esa noche decidí darle a mamá una sorpresa.

–Hoy no tienes que guisar –anuncié–. Mira lo que traigo.

Había conseguido rescatar un envase entero de filetes de pollo con limón y cilantro. Estaban cerrados al vacío, o sea que no había ningún problema. Había suficientes para que Tom se quedara a cenar. Los metimos en el microondas y nos los comimos con unas baguettes, sentados en torno a la mesa, mientras intentábamos calcular cuánto dinero ganaríamos con aquel nuevo negocio. Era un montón. Por lo menos, comparado con el que ganábamos normalmente.

–Podríamos ganar mucho más si robáramos una de esas pinturas –dijo Minnie mirando a Tom.

–No las podríamos robar –dijo Tom–. Eso está lleno de tipos con quads y demás.

–Siempre hay algún modo –replicó Minnie–. Como un ladrón que aún no han identificado, y que se llevó un Brueghel valiosísimo del Belvedere de Viena. ¿Sabéis cómo lo consiguió? Se hizo pasar por un experto y les aseguró que el marco tenía carcoma. Luego dijo que tenía justo lo que podía solucionar el problema de la carcoma: avispas. Unas avispas especiales que se comerían los gusanitos de la carcoma. Así que le pagaron dinero contante y sonante, y él montó una tienda de campaña alrededor del cuadro para que las avispas no se escaparan. Después, salió un momento a la hora del té... y ya no volvió. Tardaron horas en quitar la tienda porque tenían miedo de las avispas. Y cuando lo hicieron, adiós cuadro. Se había largado con él. El crimen perfecto.

–Yo nunca podría hacer eso, está claro –dijo Tom–. Me aterran las avispas. Me...

–No había avispas. Ese es el truco.

–Entonces, ¿para qué quería la tienda de campaña?

–Ciento cincuenta y siete –dijo Marie–. Eso hemos hecho hoy.

–Papá se va a quedar estupefacto –dije yo–. Si las cosas siguen así, vamos a sacar tanto dinero que podrá dejar de trabajar en la Nueva Barrera y volver a casa. ¿Verdad, mamá?

–Será mejor que prepare a Max para acostarlo. Retirad las cosas de la mesa cuando terminéis.

Lo dijo en un tono ausente, como si estuviera pensando en la vuelta de papá a casa.

10 mayo

Coches hoy:
MICROBÚS: Comité de Educación de Gwynedd

Tiempo: húmedo

Nota: LESTER NO ES SU VERDADERO NOMBRE

El microbús era el mismo que viene todas las mañanas para recoger a Marie y llevarla a la Escuela Secundaria de Blaenau. Para ser un microbús es bastante impresionante, la verdad. Antes lo usaban los del Rescate de Montaña; por eso lleva cadenas para la nieve, defensas con parachoques suplementarios, tracción en las cuatro ruedas y un tubo de escape que suena como un helicóptero.

La cosa es que se detuvo en la estación de servicio porque la señorita Stannard se había salido con la suya... más o menos. Al final Lester le había permitido llevar a la cantera un grupo de la escuela; pero tenía que ser un sábado, porque los hombres estaban dedicados a trabajos de mantenimiento prioritarios durante el resto de la semana. Pero claro, ¿a quién le apetecía ir allí un sábado?

Pues bien: cuando el microbús llegó a la gasolinera, la respuesta a esa interrogante resultó ser «todo el mundo». Menos yo y Minnie, en el microbús estaba la escuela entera. Minnie subió enseguida.

–¿Y qué pasa con mamá? –dije yo, porque Marie se había ido a Blaenau–. Se va a quedar sola.

–Mercaloco Móvil de Conwy –respondió Minnie.

Así que subimos al microbús. A mamá no le había dado tiempo de prepararnos el desayuno. Ni siquiera unos bocadillos. Y habíamos vendido ya todos los Pot Noodles, así que nos las tuvimos que arreglar con un par de chocolatinas Mars de la tienda para cada uno.

Lo bueno de ser el único chico de la escuela es que nadie quiere sentarse contigo. Así que pude comer mis chocolatinas en paz, aunque noté que la Fiera Evans me echaba miradas asesinas por encima del respaldo de su asiento como si pudiera olfatear el chocolate.

El microbús no podía tomar las curvas de la pista de montaña, así que tuvimos que apearnos dos veces mientras el conductor bordeaba cautelosamente un gran peñasco. Por fin salimos de las nubes y se quedaron todos tan asombrados al ver el sol que rompieron a aplaudir. Menos la Fiera Evans, claro.

Al llegar arriba, Lester nos salió al encuentro. Se notaba que en realidad no quería que estuviéramos en su cantera. Lo primero que dijo fue:

–Con el día tan bonito que hace... Es una lástima meter a los chicos bajo tierra cuando están rodeados de semejante belleza natural.

–Pues sí –dije yo, pensando que a lo mejor sacaba en limpio un partidito.

–No es ninguna lástima –dijo la señorita Stannard–. Usted delante, Lester.

Todos cruzamos tras él la entrada de la cantera. Allí encontré la misma brisa tibia y los mismos carriles de la vez anterior. Lester nos explicó que los carriles se habían usado tiempo atrás para las vagonetas que transportaban la pizarra a la superficie. Ahora había unos remolques adaptados que llevaban los cuadros hasta las cámaras de seguridad. Nos enseñó uno de los remolques.

–Podéis empujarlo hacia adelante o hacia atrás, si queréis, y veréis cómo funciona.

–¿Podemos montarnos en él? –preguntó Jade Porty.

–No.

–¿Y los cuadros? –dijo la señorita Stannard–. ¿Dónde están?

–En la galería de alta seguridad, justo debajo de nosotros. Pero me temo que nuestro seguro no cubre a las personas que bajen sin casco, y como no tenemos cascos...

–Bobadas –dijo la señorita Stannard–. La cantera lleva cuarenta años cerrada. Cualquier cosa que pudiera desprenderse se desprendió ya hace tiempo. Se preocupa usted demasiado, Lester.

Y echó a andar túnel abajo siguiendo los carriles. Todos la siguieron. Incluso Lester.

Los carriles bajaban dando vueltas en espiral, como el gran tobogán del parque acuático que hay en Plas Madoc. Se notaba que íbamos descendiendo a más y más profundidad. Era extraño pensar que estábamos casi al pie de la montaña, pero por dentro. Aunque no podía concentrarme mucho en esa sensación, porque la Fiera Evans se ponía todo el rato detrás de mí y trataba de meter la mano en mi bolsillo.

De pronto, salimos de la última revuelta y, en vez de más túnel, vimos una habitación. Pero no hablo de una habitación como un dormitorio: esta era la mayor habitación en que hayáis estado nunca (que en mi caso era el Centro Nacional de Exposiciones de Birmingham, cuando fuimos una vez al Salón del Automóvil: así de grande era). La iluminaban grandes reflectores sobre trípodes. Y estaba llena de cientos de cajas de madera. Auténticos cientos de ellas. Cientos y cientos, apoyadas en grandes estantes metálicos.

–Aquí está –dijo Lester–. La colección de la National Gallery al completo.

Al decir eso, me miró y me dirigió una sonrisita. Luego se dirigió despacio hacia las hileras de cajas y señaló la primera.

–Retablos de altar medievales y obras similares... Giotto inclusive.

Pasó a la hilera siguiente.

–Primer Renacimiento italiano y flamenco: El Bosco, Brueghel y demás.

–Disfrutad de esta fiesta para los ojos, niños –dijo la señorita Stannard–. Algunos de los mayores logros de la civilización están aquí, ante nosotros, bajo nuestra montaña. Imagináoslo.

Algunas de las chicas la siguieron a lo largo de la primera hilera. Solo eran cajas. Muchas cajas, pero nada más que cajas.

Lester estaba ahora en otra hilera.

–Alto Renacimiento, hasta llegar a Rafael...

La señorita Stannard le interrumpió.

–No sé si estoy en lo cierto, pero yo diría que se encuentra todo metido en cajas.

–Sí. Desde luego que sí. Estas obras de arte son de enorme valor y hemos de tratarlas con un cuidado extremo. Controlamos la humedad, la temperatura, el polvo en suspensión...

–Ya, pero... ¿Podemos ver alguna de ellas?

–Oh, no. Desde luego que no. ¿Quiere decir sacarlas fuera de las cajas? No, no, no, no –respondió Lester, tan preocupado como si temiera que los cuadros pudieran escaparse–. Bien, espero que la visita les haya transmitido una cierta idea de lo que hacemos aquí. Si le parece, podemos emprender el camino de vuelta. Yo iré delante...

Pero la señorita Stannard no iba a dar su brazo a torcer.

–Niños, echad una mirada al techo –dijo.

Todos miramos hacia lo alto. Era inmenso y en punta, como una tienda de campaña hecha de roca o el tejado de una casa, y estaba cubierto de marcas y humedad brillante. Y mientras lo estaba mirando, la Fiera Evans me dio una colleja en los riñones. Me doblé hacia delante y ella se apoderó de mi otra chocolatina.

–Esta no es una cueva natural –explicó la señorita Stannard–. Fue excavada en la roca viva por vuestros abuelos, y por sus padres antes que ellos. Usaron sus propias manos, cinceles y martillos. Y algo más tarde, pequeñas cargas explosivas. Les llevó casi un siglo excavarla. Contempladla: es como una catedral secreta. Y curiosamente, la llaman galería, de modo que ahora que está llena de obras de arte, es... una galería de arte.

La Fiera estaba ahora masticando la barra de Mars a mi espalda, justo al lado de mi oído. Yo me esforzaba por no hacerle caso.

–Podríais decir –prosiguió la señorita Stannard– que esta es la obra de arte de vuestros abuelos.

–No, no –replicó Lester–. Es muy impresionante, pero es una obra de ingeniería. De excavación. De lo que sea. No de arte.

–Bueno, eso es lo que usted piensa, Lester –insistió la señorita Stannard–, pero ¿quién le autoriza a decirlo? Usted mismo cree que esas cajas de madera son obras de arte.

–No. Contienen obras de arte. Grandes obras de arte. Las más grandes, justamente.

–¿Y cómo puede ser algo una obra de arte si nadie puede verlo? –la señorita Stannard siguió machacándole–. Una obra de arte solo lo es cuando alguien la mira. Y nosotros, al menos, podemos contemplar este techo.

Y mientras decía eso, la Fiera volvió a darme en los riñones.

Yo estaba ya harto. Me di la vuelta, pero ella me dirigió una sonrisa burlona y salió disparada túnel arriba. Eché a correr tras ella por la empinada galería. Podía oír sus pisadas delante de mí, y el eco de las voces de Lester y la señorita Stannard discutiendo detrás.

De pronto, los pasos de delante se detuvieron. Me puse a correr más deprisa, pensando que ya iba a alcanzarla, pero me detuve en seco al oír algo: un grito terrible que me llegó por el túnel como una explosión. En la gran cueva de abajo debieron de oírlo también, porque las voces retumbantes cesaron y lo que oí a continuación fueron cientos de pisadas que subían precipitadamente.

El gritó se repitió. Y antes de que me diera tiempo a pensar, ya estaba corriendo hacia él. Llegué hasta arriba. Venía del cuarto pequeño, junto a la entrada, donde habíamos visto la pintura de la Madonna. Empujé la puerta y la Fiera se volvió hacia mí.

–Lo siento –jadeó–. Lo siento. Creí que era de verdad.

Me señaló el rincón donde había estado la Madonna, y yo miré y estuve a punto de gritar también. Había otra pintura de una mujer, pero distinta, una mujer fea. Y cuando digo fea, no quiero decir que no fuera guapa: quiero decir que su cara era como de película de terror para mayores de dieciocho años. Tenía unos agujeros de la nariz enormes que te apuntaban como los tubos de escape de un camión, y los ojos... Bueno, los he visto mayores en cualquier patata. Su cara estaba arrugada como un globo viejo, sobre todo el cuello, que parecía el de un pavo. La ropa era pasada de moda, como histórica. Y llevaba en la cabeza una cosa demencial. Supongo que sería un sombrero, pero más bien parecía un sofá. Lo peor de todo era que la ropa se le estaba escurriendo por la parte de arriba. Si el pintor llega a pintarla un minuto después... En fin, no quiero ni pensarlo.

Para entonces, los demás ya nos habían alcanzado y entraban en tropel por la puerta. Minnie se acercó y se puso a mi lado.

–No es real, ¿verdad? –dijo la Fiera–. ¿Es una foto o qué?

–Es una pintura –dijo Minnie, y luego, muy, muy bajito, me susurró–: Y no es de Miguel Ángel.

–Gracias –musité yo.

Lester había entrado ya.

–Apartaos un poco si es posible, por favor –claramente, le inquietaba que alguien respirara siquiera sobre su pintura–. Por favor, echaos hacia atrás. Todos.

Suspiró y siguió:

–Lamento el mal rato. Pero, si lo deseáis, podéis marcharos. Como ya he dicho, disfruto mucho a solas con las pinturas.

Pero la Fiera seguía tratando de recuperar su pulso normal.

–¿Que eso es una pintura? ¿Cómo puede querer nadie pintar algo así? ¿Por qué?

–Qué buena pregunta –aprobó la señorita Stannard–. ¿Cuál es la respuesta, Lester?

Le estaba hablando como si fuera uno más de la clase de sexto. ¡Y lo bueno es que contestó!

–Veamos –respondió él, aunque la verdad es que debería haber seguido con la boca cerrada–. Existen distintas teorías sobre el particular. Hay quienes dicen que solo es puro gusto por lo cómico y lo grotesco. Pero otros sostienen que es una alusión satírica a la insensatez de las mujeres mayores que se visten de forma inadecuada para su edad –explicó, y al decirlo miraba fijamente a la señorita Stannard.

Ella le devolvió la mirada.

–No se debería permitir –dijo Jade Porty.

–Bueno, eso es lo que yo imagino que quería transmitir el artista –remachó Lester.

–No, lo que quiero decir es que no se debería permitir esa pintura –explicó Jade–. Es desagradable. Muy desagradable. A mí me desagrada a más no poder. Si yo tuviera ese aspecto, me escondería en vez de dejar que me hicieran un retrato para metérselo a la gente por los ojos. No hay ninguna necesidad de eso, de verdad. No me extraña que lo esconda usted en el fondo de una mina. ¿Son todos así?

Yo nunca había visto a nadie tan mosqueado. Y mientras estaba diciendo todo aquello, las chicas de detrás asentían todo el tiempo con la cabeza porque estaban acuerdo con ella.

–Es curioso. Dylan y yo estuvimos hablando el otro día sobre Miguel Ángel...

Cuando dijo eso, todos los ojos se volvieron hacia mí y me miraron de una manera extraña, como si hubiera dicho: «El otro día, Dylan y yo caímos por una alcantarilla y una rata parlante nos convirtió en Ninjas». Pero Lester siguió como si nada:

–Decíamos que el arte trata de la belleza. Y, claro, antes de Miguel Ángel, en la Edad Media, por ejemplo, la mayoría de los artistas consideraban la belleza como una incitación a pecar. Miguel Ángel fue casi el primero que celebró la belleza humana por sí misma. Y, sin embargo, aquí tenemos a alguien que ha hecho justo lo contrario. Plasmar la fealdad. Curioso fenómeno...

–La bomba –dije yo.

No lo pude evitar. Oigo la palabra «fenómeno» y digo «la bomba». Es como un reflejo natural. Lo malo es que eso le recordó a Lester que yo estaba allí.

–Dylan –dijo–, adelántate y míralo más de cerca. Dinos lo que piensas.

Me acerqué a la pintura para ganar tiempo. Era más o menos de tamaño natural y tenía un marco muy pulcro de madera lisa, así que era como mirarse en un espejo. Me pregunté si la mujer del cuadro se habría visto alguna vez en un espejo. Pensé: «Dylan, solo sabes cuatro cosas sobre pintura: los nombres de cuatro pintores. No es Miguel Ángel, porque ya lo ha dicho Minnie. Donatello hace máquinas, y esto no es una de ellas. Rafael es muy molón, y esto no lo es en absoluto. Queda solo Leonardo». Y eso es lo que dije:

–¿Leonardo?

Pude oír a Minnie tragar saliva. Noté cómo todos los demás contenían la respiración esperando a saber si lo que yo había dicho era cierto o no.

Lester dijo:

–Asombroso.

Y todo el mundo volvió a respirar, incluido yo.

–Naturalmente, no es en realidad un Leonardo –prosiguió Lester–. De hecho, es de un pintor flamenco. Pero la influencia, concretamente en el uso del pincel, es muy visible. Y en el tema también. La pintura tiene un notabilísimo parecido con un boceto de uno de los libros de apuntes de Leonardo. A Leonardo, como sabes, le fascinaban tanto los rostros feos como los bellos. No sé si los tomaba del natural o de su imaginación. Pero nunca hizo de uno feo el tema de ninguna de sus pinturas, al contrario que este hombre. Se llamaba Massys, por cierto. Quentin Massys. Tocayo mío.

–Creí que su nombre era Lester –dijo la señorita Stannard.

–En realidad, Lester es mi apellido. Mi nombre de pila es Quentin.

–Ah –dijo la señorita Stannard–. Ya entiendo.

Luego, Lester se puso a hablar de lo extraordinario e inesperado que era comprobar hasta qué punto el trabajo de aquel pintor flamenco se había aproximado al de Leonardo en aquellos años remotos. Pero ninguno de nosotros le escuchaba. Todos estábamos quietos pensando: «¡Quentin!».

–Es como si Massys quisiera decirnos: «Sí, en la humanidad hay belleza, pero no todo el mundo es bello. También hay fealdad».

–La belleza es algo que se tiene –asintió Jade Porty– o que no se tiene.

Estaba claro que ella estaba convencida de tenerla, lo que demostraba cuánto sabía del tema...

–Bien, espero que hayáis encontrado esto interesante y educativo –dijo Lester–. Os deseo a todos un feliz descenso por la ladera.

Todos empezaron a salir menos la Fiera, que esperó un momento. Luego dijo:

–Señor, está usted equivocado con esa pintura.

–¿De veras? –repuso Lester.

–La pintó para que todo el mundo se sintiera bien. No tiene usted razón en lo que opina.

–¿No la tengo?

–Pintó a una persona tan fea para que todos los que la mirasen pensaran: «Pues al fin y al cabo, yo no estoy tan mal». Cuando la ves por primera vez, asusta, pero si sigues mirándola, hace que te sientas estupendamente. Ahora mismo me siento como si me hubiera tocado el gordo de la lotería.

Lester abrió la boca, pero no dijo nada. Estaba claro que la Fiera le había dicho algo que iba a darle que pensar.

Cuando salimos al aire libre, la Fiera estaba sentada en una roca, comiéndose mi chocolate, y lo gracioso era que tenía buen aspecto. No como si le hubiera tocado el gordo, pero sí el tercer premio o incluso el segundo. La pintura había vuelto a ser mutagénica. La había cambiado igual que había cambiado los escaparates. Me pilló mirándola, sonrió y me tiró el resto de la barra de chocolate.

De vuelta al microbús, la señorita Stannard vino a sentarse a mi lado. Y digo yo: ¿de qué te vale ser el único chico de la escuela si ni siquiera puedes sentarte solo?

–Dylan Hughes, tengo para mí que has estado ocultando tu luz bajo un canasto –me dijo–. Creo que eres mucho más inteligente de lo que quieres parecer. ¡Quién lo hubiera pensado!

A pesar de que yo sabía bien que se trataba de otro malentendido, empecé a mirar por la ventanilla preguntándome si todo aquello no sería verdad en el fondo. ¿Podría uno volverse más listo? Porque las Tortugas no eran listas cuando solo eran tortugas, ¿de acuerdo? Eran solo unos reptiles. Pero luego apareció el maestro Astilla y aprendieron a manejar bien las máquinas y se hicieron con el Deslizador de Alcantarillado y todo lo demás. A lo mejor también una persona podía convertirse a veces en algo diferente.

Una oruga no sabe que va ser una mariposa. Un renacuajo no sabe que va a ser una rana. Y cuando echaron a esas tortugas por el retrete, tampoco ellas sabían que iban a convertirse en Héroes Ninja... ni en mutantes siquiera.

16 mayo

Coches hoy:
TOYOTA PRIUS T4 AUTOMÁTICO ROJO:
doctor Ramanan (lleno, comprobar aceite, sopa de sobre)
OTRO TOYOTA PRIUS T4 AUTOMÁTICO:
gente que no conozco (gasolina, capuccinos)
TOYOTA PRIUS T4 AUTOMÁTICO AZUL: una persona cualquiera (gasolina, una caja de tortas garrapiñadas)
SKODA OCTAVIA PLATEADO: hermanos Ellis
FORD SCORPIO: sargento Hunter
LEXUS AZUL: señor Choi (gasolina)
FORD KA ROJO: señorita Stannard (gasolina)

Tiempo: lluvia (incluyendo dos arcoíris)

Nota: EL MAL TIEMPO NO EXISTE

El viernes 23 de mayo resultó el día laborable más ajetreado desde que empecé este registro. Hasta se nos acabaron las sopas de sobre. Vendimos incluso una caja de tortas garrapiñadas de Manod. Y todo fue por mamá, porque fue ella quien compró los paraguas.

Esto es lo que pasó: cuando volvimos después de ver las cajas de madera, mamá estaba en la tienda. Fue una sorpresa, porque pensábamos que habría ido al Mercaloco Móvil de Conwy, que es un rastrillo tremendo junto al puerto de Conwy. Mamá nunca se lo pierde. Pero ese día se encogió de hombros y siguió mirando la lluvia desde detrás de la ventana.

–¿Sabéis una cosa? –dijo–. Está lloviendo.

El lunes hizo lo mismo cuando le dijimos que se habían acabado los copos de avena para desayunar.

–Parece que tendrán que ser otra vez chocolatinas –dije.

–Eso es tan malo para la salud... –dijo Marie–. Podéis envenenaros si queréis, pero yo voy a hacerme un desayuno como es debido.

Y se comió un Bounty de chocolate porque están rellenos de coco auténtico, que es muy bueno para la salud.

Yo no me apeé de los Mars y cogí unos cuantos de refuerzo para el mediodía. Me llevé una de más porque sabía que la Fiera Evans probablemente me la birlaría. Pero no lo hizo. Vino a sentarse a mi lado y empezamos a charlar sobre las Tortugas.

–¿Tú sabías –me dijo– que en el cómic original Astilla era una rata normal, no mutante?

–No. Ni idea.

–En la serie de la tele, Astilla es una rata que antes era un ser humano. Pero en los cómics es una rata que siempre fue rata. El de la tele era antes Hamato Yoshi, que se convirtió en rata por culpa del mutágeno. Pero en los cómics era la mascota del guerrero Hamato Yoshi. Una rata mascota. Se supone que aprendió artes marciales copiando los ejercicios de su amo. ¿No te parece demencial?

–Bueno, es algo disparatado, pero también lo son cuatro Tortugas Ninja que comen pizza, si lo piensas un poco.

–Ya, pero no es creíble, ¿o sí? ¿No crees que un ser humano que se convierte en rata es mucho más verosímil que una rata que aprende artes marciales?

–Bueno, es posible.

También era posible que la Fiera Evans fuera más interesante antes de mutar.

No le dio un puñetazo a nadie en todo el día. Durante el recreo de la mañana estuvo hablando con Jade Porty. Durante la clase de mates levantó la mano dos veces. Después de la escuela vino andando con nosotros hasta la estación de servicio y se rio con las gallinas, pero no en mal plan. Estaba de pie, mirando cómo les dábamos de comer, y dijo:

–Mirad cómo andan... Es graciosísimo.

Era cierto que las gallinas andaban raro, pero no creo que nuestras gallinas fueran más graciosas que ninguna otra. Lo que pasaba era que levantaban mucho las patas antes de bajarlas.

–¿Sabéis lo que son? –dijo la Fiera–. ¡Gallinas Ninja!

Mientras hacíamos eso, una furgoneta bajó de la montaña. Lester saltó desde la puerta del pasajero para abrir la cancela. Le trajimos su *Financial Times* y le despedimos con la mano.

–Ahí va tu cuadro –le dijo Minnie a la Fiera–. El de la mujer fea. Se lo llevan a Londres.

–Me da igual –dijo la Fiera–. Lo guardo todo aquí. Todo está aquí –y se señaló la cabeza.

Nunca había pensado antes en las furgonetas que iban a Londres. Mientras miraba cómo aquella se perdía de vista, me pregunté si papá iría a ver la pintura.

Bueno, a lo que iba es a que, cuando entramos, la cena no estaba lista.

–Estamos muertos de hambre –le dije a mamá.

–Pues comed –dijo, y siguió mirando por la ventana–. ¡Ah, llueve! –exclamó–. ¡Qué sorpresa!

Estábamos ya hartos de chocolatinas, así que tomamos sopa (no sopa de sobre, sino sopa de verdad, de una lata) y patatas fritas Quavers en vez de pan. Le ofrecí un poco a mamá, pero no le apeteció.

–Está deprimida –dijo Marie–. Eso mata las ganas de comer. Ojalá estuviera yo deprimida. Así me quitaría estos muslos.

–Tú no tienes muslos –dijo Minnie.

–Todo el mundo tiene muslos.

Aquello duró una eternidad. Dejé de escucharlas porque se me había ocurrido una idea. Si una pintura había hecho que la Fiera Evans dejara de ser una fiera, quizá otra pintura pudiera hacer que mamá dejara de estar deprimida. Lo único que tenía que hacer era conseguir que subiera allí arriba conmigo. Al final resultó ser fácil. Solo tuve que acercarme a ella y decir:

–Mamá, el jueves tengo que subir a la cantera por lo de los pasteles. ¿Me puedes llevar?

Ni me miró. Solo dijo:

–Como tú quieras.

Por eso, el jueves siguiente amarré bien a Max dentro del Wrangler (velocidad máxima, 150 kilómetros por hora), que era el único vehículo disponible, y subimos por la pista de montaña.

Yo tenía que sujetar a Max porque el asiento de bebé estaba aún en el Mini. Como mamá no había estado nunca arriba, pensé que le sorprendería que hiciera sol en la cumbre, pero no pareció enterarse.

El cuadro de la semana aún estaba en la caja. Todas las pinturas estaban en cajas, pero antes de llevarse una a Londres, a Lester le gustaba sacarla para asegurarse de que era el cuadro correcto y de que no había sufrido daños. Luego volvía a guardarla en su caja.

–La operación dura media hora, más o menos –dijo–, pero me gusta hacerlo el jueves, y así paso todo el fin de semana a solas con la pintura. El domingo por la tarde pido que la metan en la caja, y viajo con ella a Londres el lunes por la mañana. Siempre acompaño a la obra de arte. Solo por quedarme tranquilo.

Mientras Lester hablaba, uno de los hombres estaba desmontando la caja. Era sorprendentemente complicado. Tenía una tapa que encajaba a presión en la parte superior, y había que levantarla con una palanqueta.

–El truco está en encontrar la muesca en la que encaja la palanqueta –dijo el hombre–. Es aquí, mira, al pie del rótulo. Justo debajo de la T de National.

El interior estaba relleno de paja, y había unas abrazaderas metálicas que sujetaban el cuadro en su sitio. Las dos de arriba tenían unos pequeños pestillos que podían abrirse para levantar la pintura y sacarla.

La miré: no podía creerlo. Era una pintura de lluvia.

–Oh, no –suspiré.

–¿No te gusta? –dijo Lester–. Demasiado moderna para tu gusto, quizá...

¿Moderna? ¡Pero si las personas retratadas llevaban una ropa que no habrían llevado ni mis abuelos! Solo dije:

–Eso es.

–Pensaba ser prudente esta semana. Este es un cuadro muy popular.

El cuadro, por cierto, se llamaba *Los paraguas* y era de Renoir. Era una escena de gente de pie, bajo la lluvia, con los paraguas abiertos. La única que no tenía paraguas era una mujer que había delante, con una gran cesta de la compra. Parecía un poco chafada. Tal vez fuera porque no tenía paraguas, o quizá porque la cesta estaba empapada. Detrás de ella había un tipo barbudo diciendo algo, supongo que del tipo de: «¿Quiere usted comprar un paraguas?». Parecía un día cualquiera en Manod, la verdad. Aunque la mayor parte de la gente de Manod no lleva paraguas.

–No obstante, el cuadro tiene su interés –dijo Lester–. En él se observa cómo Renoir se desvía del impresionismo puro hacia algo más clásico y escultórico. La mujer del primer plano, por ejemplo... Y, sin embargo, el juego de luces y sombras en los paraguas se mantiene fiel a los objetivos originales del...

–Es una maravilla –dijo mi madre.

–¿El juego de luces y sombras sobre los paraguas? Sí, yo creo que podríamos decir que...

–La gente –le interrumpió mamá–. Están fuera, bajo la lluvia, pero sonríen y siguen con sus ocupaciones. ¿Por qué se les ve tan contentos?

–A lo mejor es que están en un sitio donde casi nunca llueve –intervino el hombre que había abierto la caja–. A lo mejor lo pintó por eso mismo, porque la lluvia era un acontecimiento especial.

–Interesante –dijo Lester–, pero inexacto. Pintó este cuadro a lo largo de un largo periodo. Lo empezó en 1881 y no lo terminó hasta 1886. No digo que lloviera a mares durante cinco años seguidos, pero cabe suponer que en todo ese tiempo se familiarizaría lo suficiente con la lluvia, digo yo.

–La lluvia está bien –dije–, si tienes paraguas.

–Efectivamente –asintió mamá–. Es por los paraguas. ¿Verdad que ya casi no se ven paraguas? ¿Y no son preciosos? Como grandes flores. Y hay dos personas debajo de cada uno de ellos. Cuchicheando, charlando, riendo. Los paraguas son como una fiesta sobre bastones.

Y eso fue todo. El sábado por la mañana, mamá nos llevó al Mercadillo Móvil de Carnaval en Pen-Y-Bont (que este año era a beneficio del programa social Comidas Sobre Ruedas de Snowdonia Central) y nos dijo que fuéramos todos a buscar paraguas. Yo conseguí dos de esos plegables, pequeños y negros que caben en la guantera del coche, y un paraguas de golf del tamaño de una estación de seguimiento de satélites, con «Gordon's - La ginebra que sí se puede mezclar» escrito todo alrededor. Minnie encontró una bolsa llena de paraguas para críos, con dibujos de patos y ranas. Marie dio con uno blanco con mango de perlas, más coquetón que impermeable. Y mamá encontró un montón. Cuando terminamos en el mercadillo, nos llevó a buscar más paraguas a la tienda de segunda mano de Oxfam en Llanrwst, a la de Sue Ryder en Blaenau y a la del Rescate de Montaña de Manod. Y al llegar a casa, subió al desván y encontró tres más. Cincuenta paraguas en total.

Hizo que Marie pintara unas flores y las palabras «Paraguas de Manod: llévese uno, son gratis» en tres de los viejos cubos para flores de la tienda. Puso un cubo lleno de paraguas fuera, junto a los contenedores para periódicos. Colocó el segundo bajo la marquesina del autobús. Y llenó el tercero con los paraguas de patos y ranas, y el lunes le pidió a la señorita Stannard que lo pusiera en el patio de recreo.

–Paraguas –dijo la señorita Stannard–. Un posible problema con las regulaciones oficiales de Higiene y Seguridad. Podrían sacarse los ojos unos a otros.

–No se me había ocurrido –dijo mamá.

–Por otra parte, ¿qué mejor oportunidad que la escuela primaria para sacarle un ojo a alguien? Hagamos la prueba, señora Hughes.

A mediodía, nadie quiso hacer Recreo Pasado por Agua. A pesar de que llovía tanto como de costumbre, todo el mundo agarró un paraguas y salió a jugar fuera. En realidad no había suficientes paraguas, pero no importó: todos los compartimos, como en el cuadro. El patio parecía una tienda de campaña enorme y muy animada. De vuelta en el aula, el cuatro en raya y las damas gigantes siguieron guardados en sus cajas.

Casi todos los alumnos de nuestra escuela iban a clase en coche. Pero la mañana siguiente a la llegada de los paraguas, todos fueron andando con uno en la mano. Desde donde estamos nosotros, en la estación de servicio, parecían el público de una final de copa avanzando calle abajo.

Era tan estupendo que algunas personas vinieron a la gasolinera solo para contemplar la calle. ¡Y pidieron café! Al final, vino Arthur el de la revista y escribió sobre ello:

HAGA EL TIEMPO QUE HAGA

> En Snowdonia se producen muchos espectáculos insólitos, pero pocos tan coloristas como la Marcha de Manod. Todas las mañanas a las 8:50 y todas las tardes a las 15:45, las calles res-

> plandecen llenas de color por unos momentos. ¿Y cuál es el motivo? ¡Paraguas! A los manodeños les ha dado por recorrer a pie y con paraguas el camino hacia la escuela. «El mal tiempo no existe», dice la señora Porty, una vecina, «lo que existe es ropa inadecuada». Puede verse la masa de paraguas serpenteando arriba y abajo por la calle de Blaenau como una boa constrictor psicodélica. Por cierto que, cuando he dicho «por unos momentos», lo decía en serio: si acuden ustedes unos minutos más tarde, Manod vuelve a ser un pueblo de montaña gris y lluvioso. Eso, si consiguen llegar allí, claro: no hay señal que indique Manod en la A496 y la desviación se ve con dificultad, ya que está oculta por la valla publicitaria de Diggermania, el parque temático de Harlech.

¡Una boa constrictor psicodélica! Molón a tope, ¿no creéis? A ver: ¿cuántos pueblos pueden presumir de una calle mayor como una boa constrictor psicodélica?

Y esta vez la revista volvió a sacar una foto de Marie. Salía sonriendo debajo del paraguas de «La ginebra que se puede mezclar». El pie de foto decía que estaba «Cantando bajo la lluvia», pero no estaba cantando. No sabe cantar.

Si se lo preguntas ahora, Marie dice que lo que hizo el milagro fue su sonrisa, no los paraguas. Sea lo que fuere, el día siguiente a la publicación de la revista, el señor Ramanan apareció antes de la hora de ir a la escuela, llenó el depósito de gasolina y dijo que quería ver los paraguas. Luego vino el sargento Hunter en su Scorpio.

–He venido solo para asegurarme de que eso no constituye una obstrucción indebida del tráfico –dijo.

Luego, otro Toyota Prius. ¡Y un Skoda Octavia con los hermanos Ellis dentro! Aunque ahora viven en Conwy, su madre todavía recibe el *Mensual*, y habían vuelto para ver los paraguas. Traían sus barajas de Yu-Gi-Oh!, así que jugamos con ellas encima del capó del Octavia hasta que el doctor Ramanan gritó: «¡Ya empiezan!», y todos miraron hacia la calle de Blaenau. Los Ellis se subieron al techo del Octavia para ver mejor. Para entonces, yo y Minnie deberíamos habernos ido a la escuela, pero también queríamos verlo: las calles totalmente vacías y, al minuto siguiente, allí estaba la boa constrictor psicoloquefuera. Y de repente, en cuanto todos doblaron la esquina para entrar en la escuela, desapareció.

–Vamos a llegar tarde –dijo Minnie.

–Pues sí –dijo mamá, y nos dio a los dos un beso de despedida, algo que no había hecho durante una temporada–. Antes odiaba la lluvia –añadió–, pero imaginaos qué horror si ahora dejara de llover. ¡Nos quedaríamos sin los paraguas!

Volvimos hacia la tienda y... ¿sabéis qué?: ¡salió el arcoíris! Y no un arcoíris corriente, de los que se ven en cualquier pueblo, no: un arcoíris doble. Uno muy brillante y otro más suavecito que flotaba justo encima. Los colores del más suave se veían invertidos. Es algo que tiene que ver con los reflejos o algo así.

–Enhorabuena, señora Hughes –dijo el sargento Hunter, y sonó como si pensara que mamá había hecho el arcoíris también.

26 mayo

Coches hoy:
BMW M5 NEGRO CARBÓN: señor Q. Lester
(neumáticos nuevos ¡y cambio de aceite!)
NISSAN X-TRAIL ROJO: hombre de la cantera
(vino a recoger a Lester)

Tiempo: lluvia fina y persistente.

Nota: QUIÉN MANDA REALMENTE
EN EL MUNDO

Este es un día que estábamos viendo venir desde hacía siglos. La primera vez que vi los neumáticos de Lester (6 de abril) supe que no resistirían la pista de montaña. Incluso lo dije. Podéis mirar más atrás y comprobarlo, si queréis.

Volvíamos caminando de la escuela cuando vimos venir al BMW en dirección a la estación de servicio. Pero no venía deslizándose suavemente como un coche-salón de alta gama tipo ejecutivo: iba dando botes y bandazos como un quad mal pilotado. Los neumáticos habían sucumbido.

Cuando llegamos a la estación de servicio, Lester estaba caminando de un lado a otro, muy tenso, como alguien que está esperando a que llegue asistencia en el arcén de una carretera.

–¿Quiere un macchiato con vainilla? –le preguntó Tom.

–No, muchas gracias. Tengo que tomar un tren. Me esperan en Londres.

–¿Y qué tal uno con caramelo?

–No, muchas gracias.

–¿Con crema dulce?

Me di cuenta de que Lester se estaba irritando, así que dije:

–Marie puede ocuparse de los neumáticos. Estará aquí dentro de unos diez minutos.

Lester miró su reloj.

–¿Cuánto tiempo tardará en cambiar una rueda?

–Bueno, yo no soy un experto en neumáticos, pero creo que ha pinchado usted dos, no uno.

–¿¡Cómo!? –corrió a comprobarlo.

Tanto la rueda frontal izquierda como la trasera derecha estaban planas como tablas.

–Y solo tiene usted una de repuesto –dije–. Así que tendremos que ir al Miles de Neumáticos de Harlech.

Lester emitió una especie de gañido y a continuación sacó su móvil y se puso a teclear como un poseso. Le expliqué que, puesto que necesitaba neumáticos nuevos de todos modos, debería considerar seriamente cambiarse a unos Pirelli P7, que son ideales para superficies rugosas, y que, mientras estaba fuera de circulación, debía aprovechar la oportunidad para cambiar el aceite, y le prometí no hacerlo yo.

En realidad no me estaba escuchando. Miraba constantemente a su móvil como si esperase una respuesta a su mensaje. Tom salió y dijo que su madre podría llevarlo.

–Pero necesitaría instrucciones –dijo–. Creo que no ha estado nunca en Londres.

–Que no se preocupe. Uno de mis hombres va a bajar a recogerme. Estará aquí de un momento a otro.

–Por cierto –dijo Tom–, ¿cómo está el cuadro?

–¿Eh?

–El cuadro de las naranjas. Me gustaba esa pintura.

–Ah. Bien, gracias –dijo Lester mirando a la pista de montaña.

De pronto me di cuenta de que aquella era una oportunidad ideal y dije:

–A propósito, mientras espera, podría venir a dar una vuelta por Manod y descubrir toda su Belleza Oculta.

Lo dije así, con letras mayúsculas, para que supiera que aún seguía molesto por lo que había dicho de que la belleza de Manod estaba oculta.

–Ah, sí –dijo Tom–. Podría comenzar por mi bodegón. Con él empezó todo. Venga y eche un vistazo.

Llevó a Lester a ver su alarde del escaparate. No era tan llamativo como cuando lo había montado. Creo que debemos de tener ratones, y además había habido algunos problemillas con las gallinas y los copos de avena.

–Es... –empezó a decir Lester, pero en ese momento un pitido en su móvil le indicó la llegada de un mensaje–. ¡Gracias al cielo! –dijo, y se acercó a la cancela para abrirla.

–¿Es qué? –preguntó Tom.

–¿El qué?

Ya se veía al gran Nissan X-Trail avanzando sobre las piedras sueltas.

–El bodegón.

–Son copos de avena, ¿no? Y frutos secos, ¿verdad?

–Sí. No sabía pintarlos, así que los compré.

–Muy ingenioso. Muy moderno –dijo Lester, y el X-Trail cruzó la cancela rugiendo sobre sus cuatro Pirelli Scorpion ST.

«Si la belleza de Manod está oculta», pensé, «es porque no se molesta usted en mirarla».

–Tengo que darme prisa. Puede que aún alcance el tren en Birmingham –dijo Lester.

–Si va a viajar en tren –dije yo–, debería llevar una cebra. Siempre se debe llevar una cebra cuando se va en tren.

–¿Por qué?

–Para no tener un accidente. Las cebras nunca tienen accidentes en los trenes.

–¿Cómo dices?

Fue como lo de la pluviosidad: no podía sonar bien si no lo decía papá.

–Nada. No se preocupe. Buen viaje.

La verdad es que aquellos Pirelli Scorpion ST impresionaban. No hay nada que pueda pincharlos en un momento de apuro.

En cuanto Marie volvió de la escuela, Tom nos llevó a todos al Miles de Neumáticos de Harlech. Harlech está junto al mar y, además del parque temático de Diggermania, tiene un castillo y un cine. Pero lo mejor con mucho es el Miles de Neumáticos. Cuando tuvimos que hacer otra de esas cartas a Gumbi, yo escribí sobre el Miles de Neumáticos:

Querido George:

Gracias por tu carta en la que nos hablabas de las jirafas. En Gales no tenemos jirafas, pero tenemos Miles de Neumáticos. Miles de Neumáticos es exactamente lo que dice su nombre: metros y metros cuadrados cubiertos de miles y miles de neumáticos, y se puede pasear entre ellos y mirarlos. Es inmenso. Tienen neumáticos colosales para camiones y tractores, y minúsculos para coches tipo Smart. Hasta tienen una sección de ruedas para cochecitos de niño y para sillas de ruedas. La mayor parte de la gente no se da cuenta de que existen tantas clases de ruedas. Porque, si te encaramas a algo, lo único que ves son neumáticos, neumáticos, neumáticos. Cuando entras se ve en la pared un neumático del Ferrari en que David Coulthard ganó el Gran Premio de Europa. Es enorme y se ve sobresalir las llantas de acero. Se puede ver dónde se derritió la goma por lo rápido que iba la rueda. Aunque se supone que solo es una tienda, en realidad es una excursión de un día. Necesitas un día entero para disfrutarla, de verdad.

En la Pradera de Recauchutados hubo un pequeño incidente cuando un hombre que llevaba un gorro con borla salió de detrás de la Torre de Neumáticos Radiales y casi me da un pisotón. Era el señor Davis, el carnicero.

–Perdón –dije, aunque era culpa suya, no mía.

Y él dijo:

–Mucho ojo –que es el tipo de cosa que dice siempre. Pero luego añadió–: Mucho ojo todos. Porque todos vamos a estar lamentándonos muy pronto –y miró a Minnie, a Marie y a Tom.

–¿Por qué dice eso, señor Davis? –preguntó Tom–. Por cierto, mi madre me dio ayer algunas salchichas suyas para cenar y estaban guay del Paraguay.

–Gracias, Tom –dijo el señor Davis–. Supongo que ya sabéis lo que tienen escondido en esa cantera de arriba, ¿verdad?

–Cuadros –dijo Tom–. Yo he visto algunos.

–Ya. Los que ellos quieren que veas.

–Bueno, sí. El que yo vi era casi todo fruta. Le hubiera gustado, señor Davis.

–¿Y qué me dices de los que no quieren que veas?

–Bueno –dijo Tom–, como no los he visto, no le sé decir –y me miró.

–Las pinturas de ahí arriba –dijo el señor Davis bajando todavía más la voz– no son simples pinturas. Son información. Información sobre quién manda realmente en el mundo.

–Ya –dijo Tom–. ¿Y quién manda realmente en el mundo, señor Davis?

–Si lo supiera –respondió el señor Davis–, no me habría pasado la vida hundido hasta el cuello en paletillas de cordero en un sitio perdido de Snowdonia –luego se acercó más y susurró–: Pensad en ello. Pinturas. Una caverna en Gales. ¿No os recuerda algo?

–¿Pizarra?

–Al rey Arturo, ¿verdad o no? ¿El Santo Grial?

Todos nos miramos. Y luego miramos a los neumáticos. No sabíamos qué decir. Menos Tom, que dijo:

–¿Qué es el Santo Grial?

–Es la copa que usó Jesús en la Última Cena –respondió Minnie–. Tiene poderes especiales. Se supone que uno de los caballeros del rey Arturo la encontró. Y se dice que todos ellos están dormidos en una cueva.

–¿En Manod?

–¿Por qué no? –dijo el señor Davis.

–Porque eso no es una verdadera cueva –contestó Minnie–. Es una cantera. Se excavó por primera vez en 1805, lo que le pilla unos mil trescientos años tarde al rey Arturo. Que jamás trabajó en ninguna cantera, por cierto.

El señor Davis la miró y luego miró a su alrededor como si le preocupara que los neumáticos pudieran tener oídos.

–¿Y por qué iban a tomarse tanto trabajo para esconder unos cuantos cuadros? ¿Por qué no hay una señal para Manod en la A496? Lo dicho: secretos. Toda una cantera de secretos. Lo que tienen ahí arriba no son pinturas: es poder.

Conseguimos para Lester un juego completo de Pirelli P7 recauchutados (incluido el de repuesto) por menos de lo que costaban dos nuevos. ¡Ganga!

–Ese señor Davis es un tipo increíble –dijo Tom camino de casa–. Ve cosas que no ve nadie más. Como aquella vez que vio un platillo volante fuera del local de cena y baile de Llechwedd. Había cientos de personas en el baile, pero él fue el único que vio el platillo volante.

–Y quien vio a Elvis en el Ahorrohogar de Harlech.

–Está como una cabra –dijo Marie.

–A mí me dijo que el hígado está vivo –intervino Minnie–. Mamá me mandó a comprar hígado y me dijo que no vendía eso. Que el hígado estaba vivo. Dijo que si lo pones en un plato y vuelves a los diez minutos, se ha movido.

–¿Y es verdad? –preguntó Tom.

–No lo sé –contestó Minnie–. No me lo vendió. Tuvimos que comer albóndigas.

–Pero en lo de los cuadros tiene razón –dijo Tom–. Esa pintura de las frutas no era normal. Me hizo sentirme raro. A lo mejor tiene algún poder.

Mientras tomábamos la calle de Blaenau (carretera B5565), pensé que Tom podía tener razón. A lo mejor las pinturas no eran simples pinturas. Manod había cambiado un montón desde que habían llegado. Quizá las pinturas eran como el mutágeno y estaban transformando el pueblo. ¡Quizá vivíamos en Manod Ninja!

De regreso al taller, Marie empezó con lo del cambio de aceite. Pensé que para esa tarea, después del follón con el Fiesta de la señorita Stannard, yo debía quedarme definitivamente en el banquillo. Pero no: Marie nos necesitaba a todos. Minnie leyó las instrucciones en el manual mientras vigilaba a Max. Marie hizo todas las tareas técnicas y yo me ocupé de traer y llevar cosas. Cuando me mandó a por el aceite, me aseguré de leer la etiqueta de la lata. Cuando me pidió que sacara el gato del maletero, descubrí que dentro había una caja grande de madera, pero no dije nada. No quería distraer a nadie.

Una vez que vació de aceite el motor, Marie nos dijo que teníamos que dejarlo gotear durante cuarenta y cinco minutos para asegurarnos de que estaba vacío del todo. Nos moríamos de hambre, pero Marie no quería limpiarse y volver más tarde para ensuciarse otra vez. Minnie propuso que absorbiéramos los restos con una pajita, pero Marie no parecía convencida.

–Lester se ha dejado una de sus pinturas en el maletero –dije yo.

–No es posible.

–Pues sí.

–No deberíamos... ¿Verdad?

–No. Demasiado aceite por todos lados.

–¿Y no lo podríamos meter dentro de casa?

–Entonces tendría que limpiarme, y no me apetece –dijo Marie, y a continuación puso la mano sobre la caja y murmuró–: ¿Sentís el poder?

Y todos nos reímos. Y al final estuvimos hablando y riendo durante cuarenta y cinco minutos, y nos olvidamos de la caja. ¡Pero lo conseguimos! Habíamos trabajado todos juntos hasta lograrlo: un nuevo juego de neumáticos y un cambio de aceite. Una lección más de las Tortugas, o sea: cada Tortuga por separado es buena, pero todas juntas forman un equipo y son imbatibles. Como dice Astilla en la peli *Las Tortugas Ninja Mutantes Adolescentes*: «No hay nada que vuestras cuatro mentes no puedan llevar a cabo juntas; apoyaos mutuamente, y recordad siempre la verdadera fuerza que os une».

Y la verdadera fuerza que nos unía a nosotros era El Oasis de Snowdonia - Hogar del Automóvil. Estábamos tratando de hacerlo crecer entre todos para que papá pudiera regresar. Al fin y al cabo, había una flota entera de camionetas en lo alto de la montaña, y cualquiera de ellas podía necesitar una rueda nueva o un cambio de aceite en cualquier momento. Se lo expliqué a mamá y pareció bastante convencida. Le hice prometer que se lo contaría por teléfono a papá.

–Y dile sin falta que hemos hecho un cambio de aceite y esta vez ha salido bien, y sobre todo que yo he ayudado –añadí–. Así verá cuánto han cambiado aquí las cosas.

Esa noche, algo me despertó. Miré por la ventana. Había una luz encendida en el taller y la puerta estaba abierta. Pensé: «Papá ha vuelto a casa». Ni siquiera me puse la bata y las zapatillas. En un abrir y cerrar de ojos, me planté en el taller.

No era papá. Eran las chicas, y se asustaron mucho al verme entrar de golpe.

–Creí que eras Lester –jadeó Marie–. Casi me muero.

–¿Qué hacéis? –pregunté, aunque era evidente: estaban forcejeando con la caja de madera.

–No podíamos dormir –explicó Marie–. ¿Y si el Santo Grial estuviera en la caja? Teníamos que echar un vistazo.

–No se abre así –les dije.

Traje una palanqueta y la introduje en la muesca que se ocultaba bajo la letra T de National, la moví hacia arriba, saqué dos tornillos y la caja se abrió.

Las chicas se quedaron impresionadas.

El interior estaba lleno de plástico de burbujas. Lo retiramos y allí estaba el cuadro, sujeto al interior con una especie de abrazadera. Pero no era una pintura. Parecía más bien un bloque de oro.

Fue Minnie la que dijo:

–¿Y si fuese el Santo Grial?

Porque los tres estábamos pensando lo mismo: ¿no sería por eso por lo que estaba escondido en el maletero del coche, en vez de estar con las otras pinturas?

Aflojé la abrazadera, abrí una bisagra y saqué fuera el bloque de oro. Que no era un bloque de oro, sino de madera cubierta de oro. En una arista había una especie de presilla: la solté y se abrió como si fuera una tarjeta de cumpleaños. Por dentro tenía una pintura toda dorada y de un azul muy, muy intenso (el mismo azul demencial del pelo de las hermanas Sellwood). Resplandecía como una lámpara.

–¡Hala! –dijo Marie–. ¿Qué es esto?

Al acercarse, me empujó y me hizo soltar la pintura. Minnie agarró el otro extremo justo a tiempo para que no se cayera al suelo lleno de aceite. Fue entonces cuando decidimos meterla en casa.

La colocamos encima del tocador de Marie. Era bonita, pero muy rara. Ni siquiera estábamos seguros de que fuera una pintura. No era como las otras, sino más bien como un libro ilustrado muy corto, de solo dos páginas. En la página de la izquierda había un rey arrodillado y tres hombres más, todos con barbas largas, de pie detrás de él. En la otra página había un montón de mujeres con alas y una mujer alta, vestida de azul, que sujetaba a un niño. Parecía que estaba a punto de tirárselo al rey. Algunos de los ángeles la miraban como diciendo: «¡Venga, tíraselo!». Y el rey tenía las manos levantadas para agarrarlo, aunque no parecía que fuera a esforzarse mucho a pesar de sus manos grandes de portero de fútbol. Minnie dijo que era la Madonna otra vez, pero no se parecía nada a la otra

Madonna. Y si era la madre de Jesús, pues pobre Jesús, porque no creo que sea muy agradable que te tiren al aire de esa manera.

Decidimos guardar la pintura en casa porque era un sitio más limpio y más seguro. Minnie quitó de la pared de su cuarto el cartelón de *Avispas de Europa* (lo había comprado por si alguna vez decidía cometer el crimen perfecto usando avispas) y colgó la pintura en su lugar. Parecía como si siempre hubiera estado allí. Por eso nos olvidamos de volver a ponerla en su sitio a la mañana siguiente, y por eso, cuando Lester vino a recoger su coche, se marchó sin ella.

30 mayo

Coches hoy:
SUBARU IMPREZA: dos chicos raros (depósito lleno, compraron un mapa)
MORGAN PLUS OCHO: un forastero desagradable

Tiempo: lluvia extraordinariamente intensa

Nota: UN MOMENTO DECISIVO

Este fue el día en que Manod tuvo por fin una señal en la A496.

Vale, no es que vinieran millones de coches, pero lo importante –desde el punto de vista de la investigación de mercado– fue que ninguno de los coches vino de Manod. ¡Los dos eran forasteros! Como dice mi padre: «Los forasteros no son forasteros; solo son clientes que aún no conoces».

La verdad es que no creo que el hombre del Morgan vuelva nunca por aquí, y tampoco es que a nosotros nos apetezca verlo de vuelta. Pero lo bueno fue que, si no hubiera sido por la nueva señal, no nos habría encontrado. Lo que quiere decir que la nueva señal funciona.

Por cierto, que no fue el ayuntamiento quien puso la señal, sino nosotros. Minnie sacó la idea del cuadro del niño que estaba a punto de salir disparado por el aire.

El día siguiente al del cambio de aceite nos despertamos todos tarde, y mamá hizo un desayuno histórico: gachas de avena, salchichas... De todo. ¡Colosal! Incluso huevos que había puesto Donatello. Ponía huevos todos los días, pero Miguel Ángel aún no había puesto ni uno.

–El señor Lester ha pagado al contado –dijo mamá–, así que este es un desayuno de celebración.

Fue entonces cuando caímos en la cuenta de que, si había pagado, tenía que haber estado en la tienda... y se había marchado. Corrimos a la ventana, pero apenas alcanzamos a ver el BMW metiéndose entre las nubes. Se había ido y se había dejado la pintura.

–Parece que has hecho un buen trabajo con esos neumáticos, Marie –dijo mamá.

–Ya. Lester debería hacer que le comprobaran la alineación de las ruedas en un Kwik Fit o en algún taller de ese tipo, pero no creo que tenga problemas –respondió Marie, aunque por dentro seguro que estaba pensando algo del tipo de: «Horror, se ha dejado olvidado el Santo Grial».

–Bueno –dijo Minnie–, voy a chupar una pastilla de menta.

–¿Por qué? –preguntó mamá.

–Porque sí.

No queríamos que mamá estuviera en el ajo.

–No tiene más remedio que venir a buscarlo en cuanto note que falta –dijo Minnie camino de la escuela–, y cuando lo haga, se lo devolveremos. Pero si no lo hace, digo yo que podemos quedárnoslo, ¿no?

En teoría, aquello sonaba bien. En la práctica, lo que pasó fue que, después de clase, Minnie se trajo a casa cerca de diez millones de niñas (incluida la Fiera Evans) que se precipitaron en masa escaleras arriba para ver el cuadro. Se sentaron en su cama y se pusieron a mirar la pintura como si fuera una Play Station.

–¿Es una chica o un chico? –preguntó Jade Porty.

–Es un hombre, está claro –dijo Minnie.

–Pero se ha depilado las cejas.

–Es un hombre aunque se haya depilado las cejas. Es lo que hacían en aquellos tiempos.

–También se ha hecho algo raro en el pelo. Parece que se lo han pegado a la cabeza.

–Pero tiene unas manos preciosas, ¿verdad? –dijo la Fiera.

–Eso es –asintió Jade–. Manos de chica.

Luego se oyó un ruido como el de un helicóptero (era el autobús escolar de Marie, que se acercaba) y otros diez millones de niñas se apearon y subieron también al piso de arriba. Todas las chicas que se bajaban normalmente en Llechwedd o en otras partes de Manod habían venido a ver la pintura.

Las amigas de Marie se interesaron más por las mujeres. La pelirroja de Mister Chipz (¿quién la había invitado, por cierto?) quería saber por qué tenían todas la cabeza tan grande.

Minnie explicó que, en realidad, no tenían la cabeza grande.

–En aquellos tiempos, las mujeres solían afeitarse la frente. Una frente grande era un signo de belleza.

–Pero aquellos tiempos, ¿cuándo fueron? Me refiero a los tiempos en que los hombres se depilaban las cejas y las mujeres se afeitaban la cabeza.

Entonces llegó mamá para ver qué pasaba.

–¿Qué ocurre aquí? –preguntó como si estuviera a punto de echarlas a todas. Luego vio la pintura y dijo–: ¡Ooooh, vaya tejido! ¿Qué será? ¿Damasco? Tiene una caída preciosa, ¿no?

–¿No le parece que están muy guapas, señora Hughes? –dijo la Fiera Evans–. Tienen la cabeza afeitada. Casi igual que yo.

Mamá se acercó a la pintura para verla mejor, y al pasar me dejó al bebé. Ni me miró: me lo pasó de lado como un balón de rugby, igual que la Madonna de la pintura.

Llevé a Max al piso de abajo. Tom ya se había ido a su casa. Estábamos solos yo y Max: los dos chicos del pueblo. Lo senté en el suelo y eché a rodar su pelota hacia él. Lo primero que intentó fue darle una patada, pero luego la agarró y la abrazó como si acabara de parar un penalti. Le dije:

–Buen chico. ¿Otra vez? Dame la pelota y lo hacemos otra vez.

Pero él prefirió sujetarla y quedársela.

En ese momento oí que alguien aporreaba la puerta de la tienda. Miré afuera: era Lester. Evidentemente, se había dado cuenta de lo de la pintura. Corrí al piso de arriba.

Marie bajó a escape para hacer pasar a Lester a la cocina mientras yo metía la pintura de nuevo en su caja. La caja se encontraba debajo de la cama. El envoltorio de burbujas aún estaba allí. Lo único que había que hacer era colocar los tornillos en el orden correcto y asegurarse de que estaba todo en el sitio exacto. Fácil. Después de todo, acabábamos de hacer un cambio de aceite y colocar un nuevo juego de neumáticos... Yo me ocupé de los tornillos y Minnie colocó otra vez la tapa. Funcionamos como un mecanismo de relojería.

–¿Dónde aprendisteis a hacer eso? No me habré perdido yo algo, ¿verdad? –preguntó mamá.

Marie pidió a las demás chicas que esperaran cinco minutos antes de bajar, mientras conseguíamos deshacernos de Lester. Le hubiera parecido un poco raro ver que había habido veinte millones de chicas metidas en la misma habitación que su pintura.

Abajo, en la cocina, Marie se puso a contarle a Lester que habíamos encontrado la caja cuando estábamos buscando el gato del coche, y que nos había parecido arriesgado dejarla allí, con tanto aceite y demás, así que ahora estaba a buen recaudo en la casa.

–Y a propósito, ¿qué tal los neumáticos?

–Los neumáticos, muy bien. Pero ¿tenéis aquí la pintura? ¿Estás segura?

–Claro que sí. Tienes tú el cuadro, ¿verdad, Dylan? ¿Y qué me dice del aceite? No sabía si tendría usted una marca preferida...

Pero Lester no estaba pensando en aceites. Se limitó a quitarme de las manos la pintura y aferrarse a ella de la misma forma en que Max se había abrazado a la pelota. Se quedó allí plantado durante un minuto, respirando con alivio. Quizá llevara cierto tiempo sin respirar como era debido.

–Lo siento muchísimo –dijo–. Nunca debí dejarla en el coche, como es lógico, pero... Has actuado con tu proverbial delicadeza y sentido común, Dylan –sonrió–. Estoy tan agradecido... Quizá te gustaría verla. Es lo menos que puedo hacer.

Y empezó a deshacer la caja. Aunque no lo sabía hacer muy bien que digamos. No era capaz de encontrar la muesca bajo la tapa, así que saqué el cuchillo del pan y lo hice por él.

Sacó de la caja el librito dorado y lo abrió sobre la mesa.

–Es un díptico –explicó–, una especie de altar portátil. Se hizo para Ricardo II.

Se interrumpió.

La Fiera Evans acababa de entrar, procedente del piso de arriba. Y Jade Porty. Le sonrieron y se colocaron detrás de Marie, mirando la pintura. Lester continuó:

–Está forrado de pan de oro. Sabemos quiénes son los personajes de la escena porque cada uno lleva su emblema, una especie de logotipo. Por ejemplo, el rey que sujeta la flecha es San Edmundo, muerto por los arqueros daneses. El rey que lleva el anillo es San Eduardo el Confesor, que dicen que dio su anillo de bodas a un mendigo, y el...

Volvió a interrumpirse: ahora habían entrado dos compañeras de Marie, además de la chica pelirroja de Mister Chipz y de mamá con Max en brazos. Le sonrieron. Él les devolvió la sonrisa y prosiguió:

–Como veréis, más que una pintura es un rompecabezas.

–O un código –dijo Minnie mirándome.

–O un código, efectivamente –asintió Lester.

Y se interrumpió de nuevo. Acababa de aparecer el resto de las compañeras de Marie. Las de atrás se estaban colocando de pie sobre las sillas.

–Esto se está convirtiendo en una auténtica conferencia pública... –mascculló Lester–. ¿Por dónde iba? Bien: en el manto del rey Ricardo figura un ciervo blanco. Ese era su emblema. Y los ángeles lo lucen en su honor. También está en la parte de atrás del díptico. Mirad.

Iba a plegar la tabla, pero se detuvo: unas cien chicas más habían entrado en la habitación. Todas sonreían. Él les sonrió, pero me dirigió una mirada. Yo también sonreí.

–Bueno, quizá lo mejor sea...

Iba a meter la pintura de nuevo en la caja, pero los millones de chicas emitieron un «Ooooh» de decepción, como el público de un estadio después de que un jugador fallara un penalti. A Lester se le puso cara de susto: estaba claro que no podía terminar sin más.

–A ver, ¿qué más puedo contaros? Ah, sí. El pequeño remate que hay en lo alto de esta banderola. Parece un pequeño globo terráqueo de plata, pero si lo miráis de cerca, podréis ver que contiene otra imagen: la de un castillo en una isla. ¿Lo veis? No lo descubrimos hasta hace muy poco, cuando se limpió la pintura. Una obra maestra oculta. Podría ser muy bien el emblema de Manod: algo que parece muy pequeño e insignificante, pero que oculta cosas maravillosas. Estas pinturas, sin ir más lejos...

Otra vez con la misma canción. ¡Pequeño e insignificante! La próxima vez iba a cambiarse las ruedas él solo.

–Conque aquí lo tenemos: el *Díptico Wilton*. Pintado hacia finales del siglo catorce por un artista desconocido. Buenas noches.

Cogió el cuadro, lo cerró bruscamente y salió por la puerta como alma que lleva el diablo.

Y este fue el Momento Decisivo, porque, con las prisas, Lester se olvidó de la caja de madera en que venía embalada la pintura. Y sin la caja, nunca hubiéramos sido capaces de llevar a cabo nuestro Gran Robo de Arte.

El caso es que, al día siguiente, todas las chicas (todas y cada una de ellas) estaban enrolladas con lo de los emblemas y, durante la clase de arte, Minnie dijo que por qué Manod no tenía un emblema. Y la señorita Stannard dijo que dibujáramos uno. Y todos estuvimos un siglo pintando nubes, ovejas, montañas y demás. Y la señorita Stannard estaba encantada porque... ¿No os lo imagináis? Porque, por primera vez, se usaron todas las pinturas menos el gris. El amarillo ocre, el carmesí, el azul prusia y cuarenta tonos de verde. Solo el gris quedó intacto.

Lo único que yo fui capaz de imaginarme fue aquella foto mía del periódico, solo en la gasolinera y con un balón bajo el brazo.

Cuando la señorita Stannard vio aquello, dijo:

–Fútbol, fútbol, fútbol. ¿Qué tiene que ver el fútbol con Manod?

–Absolutamente nada, seño –lo que era rigurosamente cierto.

–A ver, chicas –dijo la señorita Stannard–, y tú, Dylan: vamos a pensar en un lema que tenga que ver con nuestras pinturas. Cuando se llega a Blaenau en coche, por ejemplo, hay una señal que dice... ¿qué?

–Dice «Avanzando hacia el futuro» –dijo Minnie–. Como si existiera algún pueblo que retrocediera hacia el pasado...

–Precisamente: nosotros podemos hacerlo mejor. En Harlech han puesto «Harlech, una ciudad para vivir». Como si existieran ciudades donde te prohibieran vivir. ¿A quién se le ocurre un buen eslogan para Manod?

Pensé en lo de «Prohibido jugar al balón», eso que pone en la marquesina del autobús.

Naturalmente, fue Minnie quien tuvo la mejor idea:

Manod: un lugar bajo el arcoíris

Con la imagen de una montaña y un arcoíris encima. A todas les gustó tanto que decidieron hacer una señal como era debido, usando un tablero grande y pintura buena.

Cuando estuvo terminada, les gustó todavía más, así que la señorita Stannard hizo venir a alguien del ayuntamiento (el señor Elsie, el farmacéutico), que dijo que era algo muy notable, pero no una prioridad presupuestaria. Y la señorita Stannard le dijo que no necesitábamos ningún presupuesto.

A la mañana siguiente fuimos todos en autobús hasta la bifurcación con la A496. Encontramos la vieja señal con su poste entre la hierba, junto a la cuneta. Le colocamos encima la señal nueva con adhesivo especial Fueraclavos y un taco de madera. Metimos el poste de nuevo en su agujero y lo aseguramos con ladrillos. ¡La Escuela Primaria de Manod trabajando en equipo por su cuenta!

Está claro que la señal funcionó, porque ya al día siguiente aparecieron dos coches de fuera del pueblo. Uno era el hombre del Morgan, que detuvo el coche en la entrada y dijo:

–¿Así que es esto?

–¿Esto, qué?

–Había una señal ahí detrás que señalaba hacia aquí. Y se ha acabado la carretera. ¿Para qué era la señal?

–La señal es para Manod. Esto es Manod.

–Vaya, muy útil, ¿no crees? Una señal que te dirige a una vía muerta. He salido con el coche a dar una vuelta por las montañas después de comer, y estaba ya dispuesto a pisar a fondo.

–Entonces debería ir a la circunvalación de Blaenau. Allí puede pisar a fondo todo el camino hasta Harlech.

Y eso fue lo que hizo.

Luego vinieron dos chicos en un Impreza, llenaron el depósito y se fueron montaña arriba para hacer un poco de campo a través.

–Tú eres el chaval de la revista, ¿verdad? –dijo el que iba en el asiento del pasajero–. El último chico de Manod, ¿a que sí?

–Ese soy yo.

–Puede que ahora no te guste la idea, pero te encantará cuando te hagas mayor. Vas a ser el chico más ajetreado de Manod, ya verás.

–No sé.

Y se fueron.

Por cierto, eso es lo que escribió Arthur el de la revista sobre la señal:

SEÑALES DE VIDA

Junto al arcén de la A496, cerca de Blaenau, ha aparecido una nueva señal que indica la desviación a Manod. La bifurcación ha estado sin señalizar durante varios años. Ahora, los que quieran llegar a Manod podrán encontrarlo con más facilidad. Lo que puede resultarles difícil es saber qué hacer una vez lleguen allí.

Así que Manod tuvo por fin su señal, que es lo que papá siempre había querido. ¡Y todo gracias a Minnie!

Por la noche, miré por la ventana de su cuarto y vi un haz de luz amarillenta más allá del pueblo. Era la A496. Le dije a Minnie:

–Imagínatelo: cuando vuelva a casa y vea esa señal, se quedará superimpresionado, y ni siquiera sabrá que la hiciste tú. ¡La bomba!

4 junio

Coches hoy:
BMW M5 NEGRO CARBÓN: señor Q. Lester
(dos tartaletas Tiziano y un pastelillo Picasso)
GRAND CHEROKEE V8: hermanas Sellwood
(para traer un cuadro)

Tiempo: lluvia

Nota: LA GENEROSA RECOMPENSA

¡Vaya con la generosa recompensa! Nos pasamos un siglo tratando de adivinar qué nos daría Lester por ayudarle a recuperar su valiosísima pintura.

–Imaginaos que nos da uno de los cuadros que tiene –dijo Minnie.

–Estaría bien ese de las nueces –dijo Tom.

–Sería mejor una buena propina –dijo Marie.

Todos se equivocaban.

Esa mañana, Lester se presentó a recoger en persona el pedido de pasteles y dijo:

–No sabéis cuánto os agradezco que cuidarais del *Díptico Wilton*. Para mi gusto, es el objeto más exquisito de toda la colección. No es que mi gusto cuente, claro.

Y a continuación nos dio la recompensa. Era un libro: *Guía comentada de la National Gallery (revisada y ampliada)*. ¿Qué clase de generosa recompensa era aquella? Pensándolo bien, Lester estaba pidiendo a gritos que le robaran una de sus pinturas.

–Por cierto –dijo–, lo he escrito yo.

¡O sea, que ni siquiera había pagado dinero por él! Nos escribió su nombre en la primera página, pero no dijo por qué.

Le dimos las gracias, pero solo por lo de las relaciones con el cliente.

–A lo mejor podríais hojearlo y elegir algún cuadro que os guste. Los que yo he seleccionado no parece que hayan causado mucha impresión en Londres.

–Vaya, qué lástima –dijo mamá.

–Pues sí. Las notas sobre *La duquesa fea* que dejó el público en el libro de comentarios eran tan duras que hubo que destruir el libro.

–Pero... ¿y el cuadro de las pizzas? –preguntó Tom–. ¿Cómo puede no gustarle eso a alguien?

–¿El cuadro de las pizzas?

–El de las cajas de pizza y las nueces.

–Ah. El Meléndez. Pues me temo que no agradó a la gente. En el fondo, toda nuestra actividad es una espantosa pérdida de tiempo. Al público en general le apetece mucho más ver retratos de futbolistas o de famosos, ese tipo de cosas... Más valdría que dejaran las pinturas en paz. Aquí mismo.

–¿Con usted?

–Exacto.

–La pintura de los paraguas les tiene que haber gustado –dijo mamá.

–Al Renoir lo trataron con una indiferencia abrumadora... Quizá les resultara demasiado familiar –contestó Lester.

–Bueno, pues aquí nos encantó –replicó mamá–. Venga a ver.

E hizo que Lester la acompañara hasta la entrada de la gasolinera.

–Súbase ahí –le dijo señalando el murete con el cartel de ABIERTO, y él obedeció. Eran cerca de las nueve menos diez–. Ocurrirá en cualquier momento –aseguró mamá.

Y a continuación, la boa constrictor psicodélica empezó a serpentear por la calle. La verdad es que es fabulosa de ver. Deberíais venir a verla. Y ahora que tenemos la señal, es fácil de encontrar.

–No entiendo –dijo Lester.

–Es cosa mía –explicó mamá–. Yo lo hice. Compré los paraguas después de ver su pintura. Antes nunca ocurría. Es mi obra de arte, inspirada en la obra de arte de usted.

–Qué extraordinario –dijo Lester, y luego subió al coche y se marchó.

–Creo que eso significa que se ha quedado impresionado –dijo mamá.

Hubiéramos ido derechos a la escuela de no ser porque en ese momento oímos un bocinazo tremendo del BMW desde algún punto de la pista de montaña. Así supimos que se había topado con las hermanas Sellwood, de modo que preferimos esperar.

–¿No le han visto? –pregunté mientras les abría la cancela para que pasaran.

–¿Que si le hemos visto? –dijo la señorita Elsa–. Pues sí, y ha sido una pena. Lo vimos pasar y corrimos tras él. Teníamos tantas ganas de hablarle... Una lástima. No lo pillamos, Edna.

–Queríamos enseñarle una de las pinturas de nuestro padre –dijo la señorita Edna–. Ven, ayúdame a sacarla.

El coche no tenía ningún abollón, así que Lester debía de haberlas sorteado. Eso es lo estupendo de la tracción en las cuatro ruedas.

La pintura de las hermanas Sellwood estaba en el maletero, envuelta en un trapo de cocina en el que ponía «Recuerdo de Caernarfon». La llevamos a la tienda. Marie, que estaba preparándose para ir al insti, les dijo: «Hola, chicas» a las hermanas, que se pusieron a soltar risitas nerviosas. Les encanta que Marie las llame «chicas» porque no son chicas, sino unas mujeres viejas viejas. Es decir, unas viejas de verdad. Cuando la señorita Elsa se ríe de ese modo es muy gracioso, porque no hace mucho ruido pero se pone a temblar. La verdad es que se tambalea constantemente, pero cuando se ríe de esa forma se convierte en una mancha borrosa. El pelo azul brillante le hace parecer una especie de piruleta saltarina.

–Es una de las pinturas de nuestro papá –dijo Edna.

–Oh, qué bien –respondió Marie–. ¿Es la de la montaña? ¿La que nos comentaron?

–Es una de las pinturas de nuestro papá –dijo Elsa.

–Ya lo saben –dijo Edna–. Se lo acabo de decir. Preguntan si es la de la montaña. Ya te dije que la de la montaña les interesaría más.

–Pintó una de la montaña –dijo Elsa.

–Ya lo saben.

Edna estaba intentando quitarle el trapo de cocina a la pintura. Sus manos parecían dos rebujos de cuerdas enredadas.

–A ver. Déjeme a mí –dijo Marie, y apartó el trapo de cocina.

Estábamos pensando que sería una pintura grande y gris, como las que hicimos nosotros en clase de arte. Pero no lo era. No lo era en absoluto. Era la pintura de una niña pequeña, la niña más guapa que yo había visto en mi vida. Más guapa todavía que nuestra Marie, si queréis saberlo.

–Mirad qué cutis –dijo Marie–. Eso es lo que yo llamo una piel buena de verdad. Y el pelo: es un cabello con cuerpo. Y con lustre. Y no se ve una sola punta partida. Y el vestido es precioso también, ¿no creéis? –la niña iba bastante elegante–. ¿Quién es? ¿Su primera novia?

Las señoritas Sellwood volvieron a sus risitas.

–Quieren saber quién es, Elsa –dijo Edna.

–Diles quién es –dijo Elsa.

–¿No la reconocéis? –dijo la señorita Edna–. Es nuestra Elsa, mirad –y torció la cabeza de la señorita Elsa hasta que su cara vieja y arrugada quedó junto a la cara redonda y radiante de la niña: igual que una nuez al lado de un melocotón.

–Soy yo –dijo Elsa–. Es un retrato mío de cuando era un poquito más joven –y se rio tan fuerte que produjo un crujido seco, como si alguien estrujara papel.

Todas las miradas saltaron de la preciosa niña a la vieja dama ciega, de pie junto al mostrador, con los ojos fijos en ninguna parte.

Es evidente que el tiempo es el mutágeno más potente que existe.

Marie no decía nada. Seguía con los ojos clavados en la pintura. Miró a Elsa y luego otra vez a la pintura. Todo muy velozmente.

–Es que era preciosa, ¿verdad? –dijo la señorita Edna–. Por eso papá la pintó a ella y no a mí. Era preciosa. ¿No te parece, Marie?

Minnie dijo lo que todos estábamos pensando:

–Pues ha cambiado usted un poquito, señorita Elsa.

–¡Minnie! –siseó mamá frunciendo el ceño.

–Nos pasa a todos, ¿sabes? –dijo Elsa; sus manos huesudas se agarraban al mostrador buscando apoyo–. Algún día cambiaréis también vosotros. A pesar de lo guapos que sois.

–Perdonen –dijo Marie, y en vez de ir a la escuela, subió a su cuarto y cerró la puerta.

Por cierto, el libro de Lester no era tan malo, después de todo. Y eso que casi todas las ilustraciones eran de mujeres sin mucha ropa. Iban en grandes pandillas corriendo por los bosques, durmiendo en el campo o perseguidas por hombres con armaduras. En una, la mujer estaba de picnic con varios hombres con bombín. Yo, mamá, Minnie y Max nos sentamos a hojearlo despacio esa noche (Marie seguía metida en su cuarto). Y yo les estuve contando cómo, cada vez que alguien miraba una pintura, la pintura parecía cambiarlo.

–Pues será mejor que no miren algunas de estas –dijo Minnie–. Sería el desmadre. Todo Manod corriendo en porretas por el bosque.

También había una cantidad sorprendente de pinturas de gente a la que le cortaban la cabeza. Como dijo mamá:

–Eso, ni se os ocurra.

Había una de un hombre, una mujer y un perrito, todos juntos de pie y con un espejo en la pared que tenían detrás. El espejo era tan real que casi podía uno mirarse en él. Se llamaba *El matrimonio Arnolfini.*

–Mirad cómo él le coge la mano a ella –dijo Minnie–. Llevan los dos sus mejores sombreros. Es una foto de boda. Solo que no es una foto, claro. Debe de haber costado un siglo pintar esto. Mirad: los zapatos de ella tienen barro.

Es verdad. Si mirabas de cerca, se podía ver.

El caso es que nos decidimos por ese.

A la hora de irnos a la cama hubo jaleo. Marie estaba todavía atrincherada en su cuarto y no quería dejar entrar a Minnie.

–Quiero dormir.

–Vete a dormir al cuarto de mamá.

–No tengo edredón.

Marie abrió la puerta y pasó al otro lado un trozo de edredón. Minnie tiró de él y la puerta volvió a cerrarse de golpe.

Fuimos a quejarnos a mamá.

–No os preocupéis por eso –dijo–. Todos tenemos nuestros días malos. Marie tiene hoy uno.

En cuanto dijo aquello, oímos el ruido de un taladro. Marie le había quitado el candado a la caja grande de herramientas de papá y lo estaba colocando en la puerta de su dormitorio. Le llevó apenas cinco minutos. Es realmente hábil con las herramientas eléctricas.

–No pasa nada –dijo mamá–. Venid a ver esto.

Encima de su cama había un librote que ella había estado hojeando (y Max había estado masticando).

–Son mis fotos de boda –aclaró mamá.

Yo había visto el libro antes, pero nunca me había interesado por las fotos hasta ese momento. En ellas salía papá con un montón de pelo rizado y mamá con una cinturita delgada. Y casi toda la gente de Manod, todos más jóvenes como por arte de magia.

–Un momento –dijo Minnie–. ¿No es este el señor Davis, al lado del tío Ivor?

–Sí. Ahí está mucho más delgado.

–Pero está como... No sé... Como sonriente.

–Es que era una boda.

–Pero el señor Davis no sonríe. Nunca jamás.

–Pues entonces lo hacía.

–¿Y qué le pasó?

–¿Qué quieres decir? –preguntó mamá.

–Antes sonreía y ahora no –dijo Minnie–. ¿Qué ocurrió en medio?

–Bueno, ya sabes –contestó mamá–. Historias. La vida. Cosas que pasan.

–¿Qué tipo de cosas?

–Te cuento –dijo mamá, y eso hizo.

Era algo realmente malo. Resulta que el señor Davis tenía un niño pequeño. El niño y su madre fueron a la piscina de Harlech, y el señor Davis fue a recogerlos. Estaba reculando con el coche para aparcar cuando a su mujer se le escapó el niñito de la mano. El niño se puso detrás del coche, de forma que el señor Davis no podía verlo y quedó aplastado entre el coche y el muro. ¿Os imagináis?

–Yo ni siquiera sabía que el señor Davis estaba casado –dije.

–Fue muy penoso –suspiró mamá–. Se echaron la culpa mutuamente. Él conducía, de modo que podía decirse que había sido culpa suya. Ella estaba a cargo del pequeño Ben, que así se llamaba, así que quizá era suya la culpa. Fue muy doloroso. Nadie quiere recordarlo. Al principio, el señor Davis estaba furibundo. Se ponía delante de la carnicería y gritaba a la gente que intentaba cruzar la calle: «¿No ve que es peligroso? ¡Pueden matarle en cualquier momento!», y cosas así. Y desde fuera de la escuela les chillaba a los niños que corrían demasiado rápido en el patio para que no se hicieran daño. Él fue quien llamó al seguro a propósito del lago de las barcas y dijo que no había suficientes chalecos salvavidas. Los del seguro vinieron y estuvieron de acuerdo con él. El ayuntamiento dijo que los chalecos salvavidas no eran una prioridad presupuestaria y entonces vallaron el lago. Poco después vio a Elvis. Ver a alguien que creía que estaba muerto le animó un poco. También cree que el rey Arturo vive todavía.

–Y el hígado –dijo Minnie.

–Es que el hígado está vivo –replicó mamá.

–No fastidies. ¿De verdad? –dije yo.

–Pues claro que no, bobo –mamá me dio con el codo y a continuación se puso a mirar otra vez las fotos de boda–. Vamos, id a por vuestro libro de las pinturas. A ver si me animáis un poco.

Estuvimos un buen rato hojeando juntos la *Guía comentada de la National Gallery.* Había un caballo enorme encabritado, una mujer con un trasero inmenso, hombres con piernas de cabra, gente jugando a las cartas... Y casi al final, una pintura bastante borrosa de un día de sol con gente y botes en un río.

–Ahí está –dijo mamá–. ¿Veis eso? Pues así era Manod en otros tiempos. Exactamente así.

El cuadro se llamaba *Bañistas en La Grenouillère*. No mostraba a nadie a quien le cortaran la cabeza ni correteando por ahí en cueros. Solo se veían algunos botes amarrados a un embarcadero y gente alrededor, hablando unos con otros. Ah, y con sol, como en lo alto de la montaña.

–Vale –dije–. Les mandaremos este en vez del de la boda.

–No, manda el de la boda. Es el que te gustaba.

–No. Si mandamos este a Londres y papá lo ve, a lo mejor le levanta el ánimo.

Y entonces mamá me dio un abrazo tan apretado que pensé que iba a decapitarme.

17 junio

Coches hoy:
FORD KA ROJO: señorita Stannard
(gasolina y Snickers)
MONTEGO BLANCO: señor Evans
(devuelve la caja de tortas garrapiñadas)
TOYOTA PRIUS T4 AUTOMÁTICO ROJO:
doctor Ramanan y familia (visita de cumplido;
café para todos)
DOS FURGONETAS COMBI BLANCAS:
hombres de la cantera (caja de caprichos Constable
con chispas de chocolate y una torrija Tintoretto)
VAUXHALL ASTRA ESTATE 1.9 CDTi: señor Davis
(¡Gasolina! ¡Cigarrillos! ¡Huevos! ¡Betún para zapatos!
¡Vídeo de "Shrek"!)
MÁS VW ESCARABAJO, AUDI QUATTRO, SUBARU
FORESTER: todos visitantes

Tiempo: ¡¡¡¡¡¡¡¡¡¡¡¡¡¡¡¡¡¡¡¡¡¡luce el sol!!!!!!!!!!!!!!!!!!!!!!

Nota: EL PRIMER CHICO EN EL LAGO DE LAS BARCAS
DESDE QUE EL SEÑOR DAVIS VIO A ELVIS

Este fue el día totalmente demencial en que me convertí en el primer chico que navegaba en el lago de las barcas desde que el señor Davis vio a Elvis. Y todo gracias a las buenas relaciones con el cliente, o sea, a mis buenas relaciones.

Yo recordaba que a Lester le gustaba abrir los jueves por la tarde la caja que contenía el cuadro de turno. Pero el viernes, cuando le pregunté a mamá si le gustaría venir a ver el de los botes de remos, que es el que había elegido, dijo:

–Tengo demasiadas cosas en la cabeza. Creo que no voy a tomarme la molestia.

Me parece que estaba preocupada por Marie. Hacía ya una semana desde que las Sellwood habían dejado su pintura y, durante todo ese tiempo, ninguno de nosotros había visto realmente a Marie. Todas las mañanas se marchaba temprano al insti y dejaba cerrada con candado la puerta de su cuarto. Y en cuanto regresaba a casa por la tarde, volvía a encerrarse. El único momento en que alguien la veía era cuando mamá la llamaba desde el otro lado de la puerta y le pedía que tuviera a Max en brazos mientras ella se daba una ducha. Entonces, Marie se llevaba a Max a su cuarto durante diez minutos y oíamos ruido de risas y a veces veíamos un extraño destello luminoso. Pero casi siempre estaba demasiado enfadada para hablar con ella. El martes, por ejemplo, la vi en el rellano de la escalera (que era donde habíamos puesto el cuadro de las hermanas) y dijo:

–Pon eso donde yo no pueda verlo o lo quemo.

Así que lo pusimos en el lavadero.

El caso es que, cuando yo y Minnie íbamos ese mismo viernes camino de la escuela, al pasar delante de la carnicería miré por el escaparate y vi dentro al señor Davis con su cuchillo de matarife, y pensé en toda la tensión que debía de soportar un carnicero que se asustaba del hígado. Así que entré y dije:

–Señor Davis...

–¿Has venido para tener una conversación o para comprar carne? Si es por la carne, adelante. Si es por la conversación, no trabajo ese género.

–Creo que puedo conseguir que entre usted allí arriba –dije, y moví la cabeza en dirección a la montaña.

Él soltó el cuchillo.

–¿Cómo? ¿Allí arriba? –y señaló a su vez a la montaña con la barbilla.

–A mí me dejan. Me consideran inofensivo porque soy un niño. Ven que no voy a interesarme por esas cosas. Ya sabe: el rey Arturo, el Grial o quién es el que manda realmente en el mundo.

Me interrumpió con un gesto.

–Es peligroso hablar de eso. Tienen espías por todas partes –se acercó a mí rodeando el mostrador y cerró la puerta–. ¿Es verdad que puedes meterme allí?

–Ningún problema. Si quiere, podemos ir ahora mismo.

–Tengo que preparar un pedido grande de barbacoa surtida para la Residencia de Pensionistas Nirvana, en Llechwedd. En cuanto acabe, subiré contigo a entablar la Batalla por la Verdad. ¿Te parece?

El señor Davis vino a recogerme en su Astra Estate 1.9 (sorprendente velocidad máxima: 207 kilómetros por hora). Por si no lo sabéis, es un diésel, pero no os dejéis engañar por eso. Tiene unos faros de lo más chulos, luneta trasera ahumada y llantas de aleación. También tiene control electrónico de estabilidad ESP, sistema antibloqueo de frenado ABS y control continuo de amortiguación CDC. Y además, sistema de conducción interactivo IDS, asistencia para arranque en pendiente HSA, sistema de control de subviraje UCL y sistema de detección de deflación DDS. El HSA quiere decir *Hill Start Assist* (o sea, «asistencia para arrancar en colinas»), y significa que tienes más tiempo para alcanzar el acelerador una vez has quitado el pie del pedal de freno, lo que es muy útil si estás subiendo el monte Manod. Y el DDS te dice si las ruedas están perdiendo aire. Todo eso nos tendría que haber permitido ir en el coche bien relajados. Pero el señor Davis no se relajaba: se inclinaba hacia delante todo el tiempo, como una oveja que ha olfateado un paquete de patatas Quavers.

Cuando llegamos arriba pude ver que a Lester la cosa no le hacía gracia. Pensé que sería por el señor Davis.

–La pintura está lista, pero me temo que no acabo de estar convencido.

Nos dirigió hasta la sala del caballete. El señor Davis susurró:

–Nervioso. Sabe que lo tengo fichado, claro.

Lester abrió la puerta y dio un paso atrás para que entráramos.

–Conque nos va enseñar un bonito cuadro, ¿eh? –dijo el señor Davis–. Uno de los que no le importa a usted que veamos.

Lester pareció algo perplejo.

–Es el que pidió el chico. Como ya he dicho, yo mismo no estoy seguro, ni mucho menos.

–Pero los que usted no quiere que veamos, no los veremos, claro –prosiguió el señor Davis–. Solo alguna pintura bonita de las que puede ver cualquiera. Bien: pues sepa que le tengo a usted fichado, no crea que no.

Todos lo tenemos. A la gente de Manod no se nos engaña con facilidad.

Tenía razón en lo de que la pintura era bonita. También era muy luminosa. Las ondas del río parecían moverse de verdad.

–Oh –dijo el señor Davis, y por un momento pareció tan sorprendido que pensé que debía de haber encontrado la respuesta a su código secreto o lo que fuera.

–Le explico mi problema –dijo Lester–. Como sabe, Londres ha sufrido una serie de inundaciones. Me angustia pensar que, en esas circunstancias, mandarles una pintura de gente pasándolo bien en un embarcadero pueda considerarse una falta de sensibilidad. O hasta un insulto.

–¿Qué sitio es ese? –preguntó el señor Davis–. ¿Dónde se supone que ocurre?

Sonaba como si estuviera rumiando algo. Quizá la pintura fuera una pista para averiguar dónde se escondía el Santo Grial. Recordé que Minnie había hablado de un lago en el que habitaba una dama.

–Es un merendero a orillas del Sena, en el verano de 1869. Monet solía ir allí con Renoir. Se suponía que estaban trabajando en bosquejos para algún gran lienzo destinado a la Academia, pero creo que el verano y el vinillo distrajeron un tanto a Monet y solo pudo completar estas pequeñas y apresuradas *pochades*, algo así como bocetos de bolsillo. Aunque no les falta encanto ni interés.

–Muy bonito –dijo el señor Davis–. Me recuerda al Manod de otros tiempos –que era exactamente lo que había dicho mamá, por lo que debía de ser cierto.

–Un cuadro como este no hubiera sido posible antes. Fue por entonces cuando se pudo disponer de pintura al óleo en tubos de metal, de modo que el artista podía pintar con facilidad al aire libre, algo que antes era casi imposible. Los tubos hacían que los colores fueran portátiles y se mantuvieran húmedos, en condiciones de ser usados. Al planear la realización de un gran lienzo una vez de vuelta en su estudio, Monet pensaba como un artista del siglo diecinueve. Pero sus manos y su instinto eran ya los de un pintor del siglo veinte... Lo que no es necesariamente una cosa buena, desde luego. Pero mirar esto le hace a uno pensar en lo maravilloso que hubiera sido tener algo tan espontáneo y tan inmediato de manos de alguien como Miguel Ángel: un mercado en Florencia o un picnic en las colinas de Umbría.

–Los botes... –dijo el señor Davis–. ¿Eran de propiedad privada o de alquiler?

–Lo siento, pero no tengo ni idea.

–Parecen de alquiler. ¿Cuánto cree usted que cobrarían?

–Una vez más, no le puedo decir. Lo mío son las pinceladas y el color. Ese es más bien un asunto para un guarda municipal de parques.

–¿Pero era un sitio popular?

–¿La Grenouillère? Oh, muchísimo. Pero ya comprenderá usted mi problema: agua, botes... Malos recuerdos para los londinenses, me temo.

–Quizá... –intervine yo–. Quizá eso les haga ver que las inundaciones pueden ser divertidas. Como ese hombre del que hablaba usted, que se dio cuenta de que los pucheros y las cazuelas eran preciosos.

Lester me miró, miró a la pintura y dijo:

–En fin, vamos a intentarlo. Y si se sienten insultados, pues bueno; quizá ya era hora de que los insultaran.

Pensé que el señor Davis estaría decepcionado, pero fue conduciendo montaña abajo con un aire todavía más animado del que tenía al subir.

Aunque la visibilidad aún no era escasa, puso el AFL (o sea, las luces delanteras adaptables, que son sorprendentemente eficaces). Al llegar a la estación de servicio, salté afuera y abrí la cancela. Él cruzó con el coche y me dijo:

–Sube otra vez, chaval.

Yo no estaba seguro de que me apeteciera.

–A mamá no le gusta nada que ande por ahí hasta muy tarde –respondí.

–Dile que vienes conmigo.

Dudé de que eso le pareciera a mamá una garantía.

–¿Qué es lo que quiere? –preguntó mamá.

–Ha encontrado el Santo Grial –dijo Minnie–. Quiere que Dylan le ayude a desenterrarlo.

No me pareció muy claro que mamá lo considerara algo bueno.

Mamá miró por la ventana. El señor Davis, apoyado en el Astra, le dirigió un alegre saludo con la mano.

–Bueno, podría ser algo interesante –murmuró mamá–. Y parece que está muy contento. Por otra parte, es un tipo un poco impredecible –se mordió el labio–. ¿Por qué no vais los dos? Y llevaos mi móvil por si acaso.

El señor Davis nos llevó hasta su tienda, donde recogió una palanqueta, una motosierra y una cizalla de gran tamaño.

–Va a matar a alguien –musitó emocionada Minnie.

–Espero que no sea a nosotros –le susurré yo.

Luego llevó el coche hasta el parque de Waterloo y lo aparcó frente a la entrada principal. Puso los faros a tope y pudimos ver bien la verja cubierta de herrumbre.

–Allá vamos –dijo–. Tú, chaval: trae la motosierra.

Era un poco pesada de llevar, pero me resultó tranquilizador tenerla en mis manos.

El señor Davis estuvo hurgando un rato en la cadena oxidada hasta que dio con el candado. Confié en que también estuviera oxidado, de forma que pudiera arrancarlo de un tirón. Pero brillaba de un modo sorprendente. Se lo pasó a Minnie.

–Agárralo bien fuerte y tira de él.

Cuando la cadena estuvo tensa, la pinzó con la cizalla y la cortó en dos como si fuera una ristra de salchichas.

Los tres nos apoyamos contra la puerta y la empujamos hasta que se abrió. No fue tan difícil como me imaginaba. El señor Davis entró en el parque. Cuando lo alcanzamos estaba de pie delante del mural, contemplando el panel de su famoso encuentro con Elvis en el Ahorrohogar.

–¿Sabéis una cosa? –preguntó–. Creo que, en realidad, el hombre que vi ese día no era realmente Elvis.

Y a continuación me quitó la motosierra, le dio un acelerón y partió con ella los tableros de arriba abajo. El Elvis en las Vegas cayó al suelo de plano, y el Elvis en Ahorrohogar dio una especie de giro en redondo y se rompió en dos.

–Ahí lo tenemos –dijo señalando el hueco que había abierto en la valla.

No era el Santo Grial ni nada de eso: solo era el lago de las barcas de Manod. Pero estaba precioso, todo aterciopelado y plateado a la luz del atardecer.

–¿Es cierto que está en el fondo del lago? –preguntó Minnie.

Pero el señor Davis no la escuchaba. Se había encaminado hacia el cobertizo de las barcas y le estaba cortando también el candado. Desapareció en el interior.

–Parece muy seguro de sí mismo, ¿no? –dijo Minnie–. ¿Tú crees que lo habrá encontrado?

Cuando volvió a salir, el señor Davis iba arrastrando una de las viejas barcas de remos.

–¡Vamos! ¡Echadme una mano! –gritó.

El interior del cobertizo estaba oscuro como la pez y había espesas cortinas de telarañas que colgaban por todas partes. Era el tipo de sitio en el que uno espera que haya algún tesoro escondido. Quizá estuviera detrás de las barcas, porque el señor Davis estaba sacando otra a tirones. Le ayudé. Luego sacamos otra y otra más. Al final había ocho en total. Empezó a darles golpes y patadas.

–Parecen bastante sanas aún –dijo–. Todo lo que necesitan es una manita de pintura. ¿Qué tal estará el embarcadero?

Caminó por el pantalán dando saltos y taconazos.

–No está mal, no está mal –decía, pero en realidad no hablaba con nosotros. Parecía haberse olvidado de que estábamos allí.

–Estoy helada –dijo Minnie.

Así que nos fuimos a casa.

A la mañana siguiente, la tienda del señor Davis no abrió. Resulta que estaba todavía en el parque. Había tirado abajo el resto del mural de Elvis y estaba pintando las barcas de azul y rojo. El señor Elsie (que era farmacéutico y concejal) fue a echarle la bronca: todo lo que estaba haciendo era ilegal, y además el ayuntamiento no tenía aquello debidamente asegurado.

–Lo curioso del caso –dijo el señor Davis– es que no me importa, como puede verse.

Todo el mundo dijo que el señor Davis se había vuelto loco de remate. Pero nosotros fuimos a verle y parecía la mar de contento. Me pidió que empujara una de las barcas dentro del agua para ver si flotaba. Y flotó. Le entró un poco de agua en el fondo, pero flotaba.

La siguiente vez que fuimos al parque, el señor Morgan había traído su tractor (un clásico Massey Ferguson de los años setenta; velocidad máxima, 70 kilómetros por hora) y estaba usando el chisme de recoger heno para sacar todos los hierbajos y el barro del lago. Minnie le preguntó si creía que el señor Davis se había vuelto loco de remate.

–Quizá sí, quizá no. Si es que sí, lo mejor será seguirle la corriente, ¿no crees?

Al día siguiente le hicimos la misma pregunta al señor Elsie cuando nos lo encontramos en el lago con el mono puesto, embadurnando remos con creosota.

–Está más loco que un rebaño de cabras –contestó–. ¿No te importa sujetar este remo hacia arriba para que le dé por el otro lado?

Al día siguiente llegó al parque una de las furgonetas de la montaña y de ella bajaron cinco hombres.

–Nos aburrimos como ostras allá arriba –dijeron–. ¿Les importa que nos unamos a ustedes? Puede que esto nos ayude a pasar el rato.

Uno de ellos se puso a cortar el césped y otro a podar los setos. Luego llegó una furgoneta más y los hombres que venían en ella se llevaron toda la basura. El señor Davis los compensó con empanadillas de fiambre de cerdo. Que yo recordara, nadie había querido conversar nunca con el señor Davis. Pero de repente la gente hacía cola para hablar con él. Y allí estaba, dando órdenes, haciendo bromas y regalando empanadillas.

También ocurrió una cosa alucinante. ¡Se presentó el señor Evans, el padre de la Fiera! Dijo que estaba harto de Londres y que había oído que por fin las cosas empezaban a moverse en Manod. La Fiera pidió la mañana libre para ayudarle a cortar el césped y la señorita Stannard dijo:

–Buena ocasión para una actividad extraescolar –y nos llevó a todos al parque.

Cuando llegamos allí, la señora Porty estaba colgando unos cestos con flores en el cobertizo de las barcas mientras el señor Elsie atornillaba unas grandes anillas de hierro al final del embarcadero. El Tocho Evans estaba con la Fiera. Los dos se habían puesto a pintar números en las popas de todas las barcas, que estaban tumbadas panza arriba sobre la hierba y parecían una fila de cabañas bajitas. Fue Minnie (naturalmente) quien se dio cuenta de que estaban pintando los números boca abajo.

Todos nos reímos y luego votamos si se dejaban así o se limpiaban y vuelta a empezar. Decidimos dejarlos boca abajo.

Esperé hasta que el Tocho estuvo solo, y entonces le pregunté si había visto a papá.

–¿Pero no está arriba, en el taller?

–No. Se fue de viaje de negocios. Creemos que a Londres, como hizo usted. Por eso le pregunto.

–Bueno, Londres es un sitio muy grande, ya sabes.

–Ya, pero él está trabajando en la Gran Barrera, igual que usted.

–Bueno, también la barrera es muy grande –dijo el Tocho, y era verdad, claro.

Entonces, Jade Porty gritó:

–¡Mirad!

Y todos miramos, pero tardamos un minuto en darnos cuenta de qué era lo que estábamos mirando. Porque no estaba indicando algo que estuviera allí. Estaba indicando algo que ya no estaba allí. Había dejado de llover.

–¡Ha dejado de llover!

El cielo era completamente azul, como en un Monet, y el lago estaba parduzco y en calma.

El Tocho dio la vuelta a una de las barcas y la empujó al agua.

–Espere –dijo el señor Davis–. Antes de que declaremos solemne y definitivamente inaugurado este lago...

–Aunque no está asegurado... –intervino el señor Elsie.

–Antes de hacer eso, digo, quisiera darles las gracias a todos por su ayuda, y me gustaría dárselas especialmente al señor Lester, el de la montaña, y al joven Dylan Hughes. Ellos fueron quienes me dieron esta idea. Es una lástima que el hombre del museo no esté aquí, pero yo creo que Dylan debería ser el primero en remar, ¿no les parece?

Y entonces me dedicaron una ronda de aplausos estupenda. Creí que no iba a acabar nunca, pero el señor Elsie chistó para que todos guardaran silencio y dijo:

–Solo quiero recordarles que no estamos asegurados. Quien use esas barcas lo hará bajo su propia responsabilidad.

–Está bien –dije yo.

Y todos aplaudieron otra vez, y el señor Davis echó una barca al lago y así fue como me convertí en el primer chico que navegaba en el lago de las barcas desde que el señor Davis vio a Elvis. La bomba. Pero tenía que ir con cuidado porque, cuando levantaba el remo, el agua me corría por el brazo y se metía en la manga y básicamente me empapé. Aunque dicen que se mejora mucho con la práctica.

Uno de los hombres de la montaña remaba bien de verdad: hizo que su barca atravesara el lago una y otra vez en línea recta. Impresionante.

Más tarde vino Tom y ayudó al Tocho a montar una barbacoa mientras el señor Davis iba a su tienda a buscar una bolsa de salchichas. Y todo el mundo en Manod comió Salchichas Artesanas Davis (menos Marie, que seguía metida en su cuarto).

El pueblo entero no hizo otra cosa durante varios días. Cada tarde, después de la escuela, todos bajaban al lago y remaban sin parar. El señor Davis compró la totalidad del mobiliario de jardín de saldo que teníamos en el Oasis y lo llevó al parque para que la gente tuviera donde sentarse y esperar. Él mismo se sentaba fuera del cobertizo de las barcas y, cuanto más hablaba la gente con él, más normal parecía. Mamá vino también con otro gran cubo lleno de paraguas.

Pensé que estaría bien conseguir que Marie bajara al parque, así que una tarde me puse jugar con Max junto a su puerta, haciendo mucho ruido, para ver si eso la tentaba a salir. Max pasaba a gatas junto al umbral, gritando

«¡Jop! ¡Jop», no sé por qué, cuando la puerta se abrió y las manos de Marie salieron como un resorte y tiraron de él hacia dentro. A continuación, la puerta volvió a cerrarse.

–¡Eh! –grité–. Estoy tratando de jugar con él.

Nunca se me habría ocurrido llamar a esa puerta, pero me puse a dar vueltas frente a ella durante un rato, haciendo ruido e incluso suspirando un par de veces. De pronto se produjo un destello muy brillante debajo de la puerta, un único resplandor fugaz.

–¿Estás bien? –grité.

–Apártate de la puerta.

–¿Qué ha sido ese destello?

–Apártate de la puerta.

Retrocedí. Se abrió una rendija y Max vino solo hacia mí, andando como un pato. Luego, la puerta se cerró tras él. Cogí al bebé en brazos y lo llevé de nuevo al piso de abajo.

El caso es que Marie nunca vino al lago de las barcas.

En cambio, Lester acabó viniendo. El señor Davis no pudo resistir las ganas de estrecharle la mano.

–Todo es cosa de usted –dijo–. Todo. Si yo no hubiera visto aquel cuadro, nada de esto habría ocurrido. He perdido mucho en mi vida, ¿sabe? Pero al ver ese cuadro me di cuenta de que no tenía por qué perderlo todo.

–Bien, me alegro de que le gustara –dijo Lester–. También en Londres ha sido muy popular.

–¿Sabe que le tengo fobia al hígado? –dijo el señor Davis.

–No, no lo sabía.

–Imagine: un carnicero con higadofobia.

–¿Y se le ha curado al ver la pintura?

–No. Me sigue dando miedo. Está vivo, ¿sabe usted?

–No, no lo sabía. No tenía ni idea.

–No lo sabe mucha gente. Me impide dormir por las noches. He probado con medicinas, terapias, acupuntura... Pero estar aquí fuera, desbrozando este lago y segando la hierba, me deja para el arrastre. Duermo como un lechón cebado.

–Excelente. Eso está muy bien.

–¿Muy bien? Es fantástico. Esas pinturas tienen una fuerza muy especial.

–Sí –asintió Lester–. Siempre lo he pensado –y contempló el parque como si todo aquello lo estuviera soñando.

20 junio

Coches hoy:
MINI COOPER S ROJO DE COMPETICIÓN: ¡yo!

Tiempo: demasiado emocionado para enterarme

Nota: LA DAMA DEL LAGO

El Mini es el coche que nos birlaron, y este fue el día en que lo recuperamos... Y la forma en que lo recuperamos fue genial. Realmente pensé que nuestras dificultades se habían acabado por fin.

Estábamos a punto de salir de la escuela cuando la Fiera Evans me acorraló en las taquillas y dijo:

–Mi padre empieza a trabajar esta tarde en el viejo pabellón. Será mejor que vengas y nos eches una mano.

–No puedo –contesté–. Tengo que organizar los pedidos de pasteles y asegurarme de que la Gaggia está limpia y...

–Más vale que vengas a ayudarnos –insistió la Fiera–, o te machaco.

–¿A qué hora? –pregunté.

–Cinco en punto. Te doy hasta y diez, y luego vendré a por ti.

A las cinco en punto, la Fiera me estaba esperando junto al lago, pero sin su padre. Por lo visto, se le había hecho tarde.

–Sube a una barca y rema mientras llega.

La verdad es que no me apetecía volver a mojarme las mangas, pero siempre me resulta difícil decir que no a la Fiera por miedo a que me meta un dedo en el ojo.

Había ya una barca en el lago. En un extremo se veía a un hombre, y en el otro, uno de los grandes paraguas de mamá. La Fiera quería que yo remara y los embistiera. No me gustó la idea, pero a veces parece más fácil hundir una barca que encontrar un buen motivo para no hacerlo. Hasta que estuvimos muy cerca no me di cuenta de que el hombre era Lester. Lo que me pareció una pasada. Pero enseguida vi que lo que había detrás del paraguas era mucho más pasada todavía. Se trataba de la señorita Stannard.

¡La señorita Stannard y Lester juntos en una barca de remos! ¿Qué narices estaba ocurriendo?

–¡Embístelos!

–¡No! Mira quiénes son.

Hasta la Fiera dio un respingo. La señorita Stannard parecía estarle gritando a Lester. Seguía todavía con lo del arte. Él la escuchaba con tanta atención que ni siquiera se fijó en nosotros.

–Quentin –estaba diciendo ella, ¡y le llamaba Quentin!–, el sentido último del arte es preservar una parte de nuestro propio ser frente a los estragos de la naturaleza. Según ese criterio, naturalmente, todo Manod es una obra de arte. Vivir aquí es muy difícil. Solo mantenerse con vida es ya una obra de arte. Las hermanas Sellwood viven en mitad de la ladera de la montaña, y siguen tiñéndose el pelo de ese tono de azul inverosímil. Seguro que hasta un pedante como tú puede ver que son una obra de arte, ¿o no?

–Son algo, pero no son arte. No sé por qué te empeñas en que sean una obra de arte...

Y cosas por el estilo. La señorita Stannard estaba usando su tono de «paciente explicación», que es la voz que usa cuando está perdiendo la paciencia. Pensé que quizá estuviera a punto de ahogar a Lester.

–Están enamorados –dijo la Fiera.

–¿¡Qué!? Escúchala. Está pegándole gritos. Lo odia.

–Así es como habla la gente cuando está enamorada, majadero –dijo la Fiera.

Por fin, Lester se dio cuenta de que estábamos allí.

Nos saludó brevemente con la mano y siguió remando mientras la señorita Stannard continuaba su paciente explicación.

El Tocho Evans apareció por fin. Aparcó su Montego frente a los escalones del viejo pabellón y sacó del maletero palas, fregonas, cubos y cizallas.

–Ajá –dijo a la Fiera–. Veo que has traído a tu amiguito para que nos ayude.

–No es amigo mío –dijo ella–. Es un idiota. Ha venido porque yo se lo he dicho.

–Pues muy bien –dijo el Tocho–. Así que vas a ayudarnos a adecentar este sito, ¿eh, Dylan?

–Si usted quiere...

–Vamos a ver si es recuperable. También creemos que ese trozo de hierba de ahí delante tiene posibilidades como green de golf.

–Bien.

El viejo pabellón tenía una puerta de entrada enorme que se plegaba en acordeón como la de un parque de bomberos. En invierno se podía abrir solo la parte del medio, de forma que en el interior no se notaran la humedad ni el frío pero se pudiera disfrutar del sol. Ahora, sin embargo, la puerta tenía clavados arriba y abajo unos grandes tablones que la mantenían cerrada a cal y canto.

Las ventanas estaban cegadas con paneles de madera y los escalones estaban llenos de porquería de los pájaros.

–Empezaremos con la puerta –dijo el Tocho.

Y nos dio a mí y a la Fiera un martillo a cada uno para que pudiéramos sacar los clavos de los tablones. Era más fácil de lo que parecía: la madera estaba blanda, y los clavos salían de un tirón. Aún se los veía pulidos y brillantes, como si no hubieran estado expuestos a la lluvia durante tanto tiempo. Quitamos los tablones de abajo y los apilamos en el posible green de golf. El Tocho tuvo que ayudarnos con los tablones de arriba; pero en cuanto sacó los primeros clavos, notamos que aquello no estaba muy firme, y de pronto toda la parte delantera empezó a derrumbarse. El Tocho alzó los brazos rápidamente y gritó:

–¡Rápido, apartaos!

Y echamos a correr fuera del porche hacia la hierba. Él se puso a caminar hacia atrás en nuestra dirección, con las manos sujetando la puerta por arriba para que bajara poco a poco. Nosotros acudimos rápidamente y la agarramos por los lados para ayudarle a dejarla en el suelo. Y así fue como el viejo pabellón se quedó de pronto sin la parte frontal, como una casa de muñecas. Dentro se veía la famosa mesa de snooker, arrinconada junto a la pared y con una paloma muerta encima. Y las telarañas eran tan espesas que parecían una colada tendida a secar. Pero al principio no nos dimos cuenta de esas cosas. Porque allí, perfectamente disimulado en el rincón del fondo, había algo más: un Mini Cooper S (color rojo de competición). ¡Nuestro Mini Cooper S!

–¡Es el nuestro! –aullé–. ¡El que nos birlaron! ¡Lo he encontrado!

–Vale, vale –dijo el Tocho–. No es más que un coche. Pero yo creía que iba a reventar. Desde el momento en que lo robaron había estado deseando encontrar alguna pista de quién lo había hecho. Y ahora había encontrado el coche entero.

–¡Veréis cuando se entere mi padre! –dije.

Como dijo el Tocho Evans, era poco frecuente encontrar un coche robado, y todavía menos encontrarlo en perfecto estado. Pero lo menos frecuente de todo era que la puerta estaba abierta, y las llaves estaban metidas en el parasol del asiento del conductor.

–Es todo un poco misterioso –dijo el Tocho–. Pero el mayor misterio es cómo diablos lo han metido aquí subiendo los escalones, atravesando la puerta y rodeando la mesa de snooker.

–Maniobrabilidad pura, señor Evans –contesté yo–. Cualquiera que haya visto la película *Un trabajo en Italia...*

–Ah, sí. Me encanta esa peli.

–... sabe que el Mini puede circular fácilmente sobre tramos de escaleras y girar sobre su eje para entrar en los espacios más angostos.

–Ah, bueno –dijo el Tocho–. ¡Eso es otra cosa!

Así que arrancó el motor e hizo brincar al Mini sobre los escalones hasta llegar a la hierba. Estaba algo polvoriento, pero eso era todo.

Para entonces, Lester y la señorita Stannard estaban ya desembarcando. Lester había conseguido remar por todo el lago sin que una sola gota de agua le salpicara la camisa, ni siquiera los zapatos.

–¿Qué ocurre, Dylan? –preguntó la señorita Stannard.

Le conté lo que había pasado y le enseñé el Mini.

–Eso sí –dijo Lester–. Eso es una obra de arte.

–No –dijo la señorita Stannard–. Eso es una obra de ingeniería.

–No empecemos otra vez con lo mismo.

–No. Será mejor.

–Aunque sí quisiera señalar que su color es muy llamativo.

–Me pregunto por qué lo meterían en el pabellón –murmuró la señorita Stannard, y luego dijo–: Cuéntales tu idea, Quentin.

–La verdad es que fue idea tuya –dijo Lester.

–A ellos no les interesa de quién es, sino en qué consiste.

–Lo único que digo es que...

Comprendí que aquello iba a durar un buen rato. Y como estaba demasiado emocionado con lo del coche como para esperar, dije:

–Tengo que irme. Luego me lo cuentan.

El Tocho nos llevó en el Mini al otro lado del pueblo. Alguien se había llevado uno de los paneles del mural y lo había apoyado junto a la puerta de Rizando el Rizo: era el trozo que mostraba a Elvis con el pelo cortado antes de entrar en el ejército.

Cuando entramos en la gasolinera, mamá vino corriendo. Al verla tan emocionada, comprendí que pensaba que, si aquel era el coche de papá, papá tenía que estar dentro. Y la pobre se llevó un chasco al ver que solo éramos yo, la Fiera y su padre.

–Oh –dijo–. ¿Dónde lo habéis encontrado?

–En el pabellón del parque. Alguien debió de esconderlo allí. ¡Pero yo lo encontré! Bueno, nosotros.

–Eso es estupendo.

Luego salió Marie, corriendo a su vez, y también se la veía toda emocionada.

–¿Dónde está?

–No es él, cariño –dijo mamá–. Solo es el coche. Dylan lo ha encontrado.

Marie me miró con furia y volvió a meterse en casa.

La única persona contenta de vernos fue Minnie.

–Es muy poco frecuente –dijo–. Normalmente, cuando usan un coche para atracar un banco o algo así, luego lo queman.

–A lo mejor no lo han usado para atracar un banco.

–¿Pero por qué va a robar nadie un coche para dejarlo luego en el pabellón? La verdad es que es alucinante.

–Lo que importa es que yo lo he encontrado. Y eso por lo menos nos alivia de haberlo perdido, ¿no?

–Has estado muy bien, Dylan. Muy bien –dijo mamá.

–Entonces se lo dirás a papá, ¿verdad? ¿Vas a llamarle por teléfono para contarle que ya tenemos otra vez el coche? ¿Y que yo lo he encontrado?

–Sí, claro que sí.

–Y también lo del cambio de aceite.

–Sí.

–¿A que esto ha sido lo mejor del mundo?

–Ha estado muy bien.

Más tarde ocurrió otra cosa sensacional. La señorita Stannard y Lester entraron, y ella dijo:

–Díselo, Quentin.

Él tosió como si estuviera a punto de echar un discurso.

–Bien, pues, como ya saben, estoy impresionado y conmovido por la forma en que la aldea ha respondido ante las obras...

–¿Qué aldea? –pregunté.

–Esta aldea.

–¡Esto es un pueblo! ¿Cree usted de verdad que esto es una aldea?

–No nos enredemos en cuestiones geográficas. Lo que importa es que estoy impresionado y me gustaría dedicarles un homenaje.

¡Al fin! ¡La Belleza Oculta! Por fin estaba admitiendo que Manod era genial.

–¿Qué clase de homenaje? –preguntó Minnie.

Resultó ser de una clase superespecial, ni más ni menos. La idea de Lester (realmente era idea de la señorita Stannard) era que el domingo siguiente, antes de que el cuadro de turno emprendiera su viaje a Londres, la furgoneta haría una parada en la entrada de la estación de servicio. Lester y sus hombres meterían la pintura en la tienda, y la gente (gente invitada por nosotros, claro) podría contemplarla.

–Una exposición privada –así la llamó Lester–. Una especie de regalo de agradecimiento. A Manod. Y especialmente a ti, Dylan. Con invitaciones exclusivamente verbales, claro. No debe hacerse mención alguna en la prensa.

–Por eso no se preocupe, señor Lester. La prensa no vuelve a salir hasta dentro de tres semanas.

–Por favor, llámame Quentin.

Le dije que lo haría, pero no pude.

¿No era fantástico? ¡¡¡Queríamos que el Oasis fuera algo más que una estación de servicio, y resulta que se había convertido en centro de fotocopias, café y Galería Nacional de Pintura!!! ¡Toma ya, Little Chef!

Se lo dije más tarde a mamá:

–Cuéntale a papá esto y lo del coche, y estará de vuelta antes de que cuelgues el teléfono.

–Ya veremos –dijo mamá.

Mamá siempre es algo precavida.

Esa noche, mientras mamá acostaba al bebé, me acordé de Bary y Tono, los de la compañía de seguros, que me habían pedido que les llamara si alguna vez encontraba alguna pista del coche desaparecido. Todavía tenía el boli con su número de teléfono que me habían dado, así que les llamé. Les interesó mucho que yo hubiera encontrado el coche y dijeron que vendrían lo más pronto posible. Pensé que mamá estaría muy contenta de que lo hubiera hecho.

Resulta que fue la mayor equivocación que había cometido nunca.

22 junio

Coches hoy: demasiados para llevar la cuenta

Tiempo: demasiado ocupado para enterarme

Nota: UN ÁNGULO DISTINTO

Este fue el día en que El Oasis de Snowdonia - Hogar del Automóvil, Café & Centro de Fotocopias se convirtió al fin en el local con más tirón de Manod.

Me aseguré de que el domingo mamá tuviera leche y café en abundancia para la Gaggia, e incluso vasos de plástico, por si las moscas. Le pedí a la madre de Tom que hiciera una remesa masiva de caprichos Constable con chispas de chocolate. Y nos sentamos en la tienda a esperar. Y esperamos. Y esperamos.

–¿No habrá algún partidazo de fútbol por ahí? –preguntó mamá.

Pero no lo había.

No vino nadie en toda la tarde. Mamá decidió cortarle el pelo a Max porque el flequillo le caía sobre los ojos. No paraba de retorcerse, así que tuve que sujetarlo sobre las rodillas. Cuando terminó, mamá dijo:

–Eso es. Así está mejor. ¡Oh!

–¿Qué?

–Que le he recortado demasiado. Ya no parece un bebé. Ahora parece un chaval.

–No. Parece un bebé con el pelo corto.

Lo cogió en brazos y se lo llevó a su cuarto.

Minnie estaba hojeando la *Guía revisada y ampliada.*

–Eh –dijo–. Mira esto.

Era una hoja de papel plegada en cuatro, con mucho texto a máquina y la palabra CONFIDENCIAL estampada arriba con un sello de caucho.

–¿Qué es?

–¡La repera limonera! –contestó Minnie.

–¿Qué es?

–Es una lista de todas las pinturas que hay allá arriba. Y dice por cuánto las han asegurado. Espera un momento –buscó en el libro y lo dejó abierto por una de las pinturas (una mujer mirando al cielo, con una mano en la cadera)–. A ver, ¿cuánto creéis que vale esto?

–¿Mil? –dije yo.

–¿Está en venta? –preguntó Tom.

–No.

–¿Diez mil?

–Doce millones –dijo Minnie–. Más de lo que vale este pueblo entero.

–Así que cualquiera que robara una de esas pinturas sería un ladrón muy rico –dijo Tom.

–Tom –dijo Minnie–, ¡te sientes tentado!

–No, no me siento tentado.

–En el papel dice «confidencial». Deberíamos devolverlo.

–Supongo que sí –dijo Minnie–, a no ser que...

–¿A no ser que qué?

–Bueno, esto parece cosa del destino, ¿no? Lo único que tenemos que hacer es repasar esta lista y ver cuál es el cuadro más valioso del museo. Si Lester la deja dentro de su libro de esa forma, es casi como si estuviera pidiéndonos que cometamos un robo.

–No nos está pidiendo que cometamos ningún robo.

–Dejó ese papel en nuestro ejemplar. Está intentando decirnos algo.

–El cuadro que dices vale veinticinco millones, ¿de acuerdo? –dije.

–De acuerdo.

–Y ahora te pregunto: ¿a quién conoces que tenga veinticinco millones?

–A nadie.

–Entonces, ¿quién va a darte veinticinco millones por ese cuadro?

–Es un buen razonamiento –dijo Minnie–. Tom, deja de hablar de robar pinturas.

–Yo no estoy hablando de robar ninguna pintura.

Entonces fue cuando Minnie inventó su gran juego llamado Obra Maestra. En la parte de atrás de la *Guía revisada y ampliada* había una serie de postales de los cuadros más famosos. Escribió el valor del seguro de cada pintura en la postal correspondiente y luego las mezcló como si fueran una baraja. Y a continuación nos enfrascamos en un juego en el que Tom, por ejemplo, tenía que decidir si cambiaba su cuadro de una señora con un gran sombrero por mi cuadro de un caballero, pongo por caso. Y luego, cuando ya lo habíamos decidido, mirábamos el valor de cada uno.

Si no hubiera sido por el juego, nos habríamos muerto de aburrimiento. No pasó nada hasta que empezó a oscurecer. Y entonces, de pronto, la luz de unos faros iluminó el interior de la tienda. Luego, más faros, y más y más. Cuando salimos, había coches aparcados por toda la carretera. Y gente que venía caminando calle arriba hacia la estación de servicio. Parecían centenares, todos andando, charlando y riendo mientras se dirigían a nuestra gasolinera. No podía identificar sus caras, pero estaba seguro de que papá sería uno de ellos.

–Creí que había dicho «solo con invitación» –dijo mamá.

–No queríamos que se nos pasase nadie –dijo Minnie.

–Pero hay gente a la que no he visto nunca.

–Seguro que todos han pensado que podían invitar a alguien más. Estupendo, ¿no?

–Pues sí, la verdad.

La razón de que nadie hubiera aparecido hasta entonces era que habían esperado hasta ver a la furgoneta bajar por la montaña. Si mirabas arriba, podías ver ya los faros moviéndose de un lado a otro según el vehículo iba tomando las curvas de la pista.

Alguien me dio una palmada en la espalda. Miré detrás de mí y allí estaba Mohan, con la cara iluminada por los focos halógenos de la luz de cruce.

–¡Mohan! ¡Qué estupendo! –exclamé.

–¿Qué tal unas pataditas? –dijo él.

Soltó el balón y yo hice unos regates con él sobre la hierba.

–¡La estantería del butano es la portería! –grité.

Apenas habíamos dado una patada cuando aparecieron de repente los hermanos Ellis corriendo y gritando:

–¡Pasa aquí! ¡Pasa aquí!

Y enseguida se unió uno más, y luego otro, hasta que nos encontramos jugando un gran partido de fútbol. Desde las líneas de banda (que eran imaginarias), la gente nos miraba mientras tomaba café y pasteles, y gritaba cosas como «¡Vamos, Jimmy!» y otros nombres que a mí ni siquiera me sonaban.

El balón cayó a los pies de Tom y él corrió hacia delante con él. Yo me abrí a la izquierda y le grité, pero él siguió avanzando hasta que pareció que iba a traspasar la línea de gol.

Entonces chutó, y el balón cogió efecto y entró en la portería desde un ángulo inverosímil. Todos le aplaudieron. Nunca le había visto tan feliz.

–Increíble precisión geométrica, Tom –le dijo Mohan.

–Es una especialidad Ninja –dijo Tom, y volvió a sonreír abiertamente.

El doctor Ramanan se acercó y le alborotó el pelo a Mohan.

–¿Tenéis el mismo ajetreo todas las noches, Dylan? –preguntó.

–Aún no, pero algún día lo tendremos –contesté.

–Creo que está aquí toda la gente que llegué a conocer en Manod.

–Menos mi padre. Pero seguro que viene. No le habrá visto usted, ¿verdad?

No le había visto.

Y entonces se abrió la cancela y entró la furgoneta. Todo el mundo vio cómo los hombres iban a la parte de atrás, sacaban una caja del tamaño de una mesa de comedor y la metían en la tienda.

A continuación, Lester se puso de pie sobre la trasera de la furgoneta.

–Solo esperaba que hubiera una docena o dos de personas. Pero parece que la familia Hughes es más popular de lo que yo imaginaba –dijo–. Se lo merecen. Quizá lo más sensato sea que formen ustedes una cola para ver la pintura, y la señora Hughes y sus hijos les atenderán ofreciéndoles sus excelentes pasteles y cafés.

Eso es lo que hicieron todos. Y que conste en acta: esa noche hicimos una caja de casi seiscientas libras. Se nos acabaron los vasos de plástico y Tom tuvo que lavar un montón de ellos para poder usarlos de nuevo.

Cada vez que se llenaba la tienda, Lester daba una pequeña charla sobre el cuadro. En él había dos tipos grandullones con barba y capa, de pie en una habitación que quizá fuera una chamarilería, porque había cachivaches por todos lados. Se llamaba *Los embajadores* y era de Hans Holbein. Estaba asegurado en quince millones de libras.

–Observen el detalle con que está pintado el forro del cuello –decía Lester–. Y es que los funcionarios de la corte llevaban encima tantas pieles que, claro, un pintor de corte tenía que ser especialmente hábil pintándolas. Aquí es que parecen... casi mullidas, ¿verdad?

Parecían mullidas, sí. Pero quince millones... ¡Vamos, hombre! Y además, tenía una especie de chafarrinón blancuzco a los pies de los dos hombres que ocupaba casi todo el ancho del cuadro.

–Ah. Además está eso –dijo Lester–. Es algo muy interesante...

–Lástima que tu padre no haya venido esta noche –me susurró al oído la Fiera.

–Aún podría aparecer –le dije.

Pareció sorprendida. Luego dijo:

–No habló de ello para nada cuando le vimos. En Harlech.

–Quisiera invitar a los niños –estaba diciendo Lester– a venir a un lado del cuadro hasta verlo con un ángulo muy cerrado. Casi paralelo al lienzo. Eso es...

La Fiera fue hacia allí, pero le tiré de la manga.

–¿Qué quieres decir con lo de Harlech?

Siseó para que me callara. Lester decía:

–Ahora, si os agacháis y miráis la pintura desde aquí, ¿qué es lo que veis? El manchurrón se ha convertido en...

–¡Una calavera! –aulló la Fiera, pegada a mi oído.

–¡Muy bien!

–Conduce el camión monstruo en Diggermania. Tú debes de saberlo, ¿no? –musitó la Fiera.

Lester estaba diciendo ahora que la calavera estaba oculta porque Holbein la había pintado de una forma especial llamada escorzo.

–Por la naturaleza misma de la perspectiva, casi todas las pinturas nos impulsan a mirarlas de frente, como si fueran pantallas de televisión. Pero esta nos invita a movernos a un lado y mirar las cosas desde un ángulo distinto. Y cuando lo hacemos, ¿qué vemos?

Otro ángulo. Te pones a mirar las cosas desde otro ángulo. ¿Y qué es lo que ves?

Intenté mirarlo todo desde un ángulo distinto: papá marchándose de repente, mamá sin hacer nada más que mirar por la ventana durante días, Marie encerrada en su habitación...

En fin, prefiero no hablar de ello.

Lester y sus hombres embalaron la pintura otra vez y se la llevaron a la furgoneta. Todo el mundo se quedó mirando cómo se marchaba, sin dejar de beber café, comer pasteles y charlar. Algunos hasta se reían. Y me di cuenta de que así era como debía de haberme visto mamá todo aquel tiempo. Como una de esas personas que están contentas cuando en realidad las cosas son tristes. Como alguien que mirara desde el ángulo equivocado.

23 junio

Coches hoy:
JAGUAR XJ 4.2 V8 SOVEREIGN: Bary y Tono, del seguro

Tiempo: no me importa

Nota: EL CASO DEL MINI EN EL PABELLÓN

Por fin llegó. Este fue el día en que El Oasis de Snowdonia - Hogar del Automóvil dejó oficialmente de funcionar como estación de servicio.

Al principio no me creí lo que la Fiera había dicho de papá. No podía preguntarle a Minnie sobre el asunto, porque es más joven que yo y no tendría que saber cosas tristes. Hubiera querido preguntarle a mamá, pero está siempre muy ocupada con Max, así que fui a llamar a la puerta de Marie.

No contestó, de modo que volví a llamar. Siguió sin contestar. Volví a llamar. Y entonces salió.

–¿Qué quieres? –preguntó.

–¿Sabes tú dónde está papá?

–Dylan. Esta puerta está cerrada con candado. Lleva semanas así. ¿No te imaginas por qué?

–Yo creo que sé dónde está.

–Está cerrada porque no me importa. No me importa él. Ni tú. Ni la gasolinera. Ni mamá. Lárgate –y cerró de un portazo.

Volví a llamar y se puso a gritar.

Mamá subió corriendo las escaleras, con Max en brazos.

–Dylan, ¿qué haces?

–Intento hablar con Marie.

–Bueno, pues ella no quiere hablar contigo. Vámonos.

Marie debió de oírla, porque dejó de gritar. En la puerta de su cuarto se abrió una rendija por la que surgieron sus brazos como dos tentáculos blancos. Arrancó a Max de los brazos de mamá y volvió a cerrar la puerta. Y mamá ni siquiera pestañeó, como si aquello ocurriera todo el tiempo.

–Dylan –dijo mamá–, Marie es una adolescente. Muchas chicas a su edad se vuelven protestonas, y los demás tenemos que aguantarnos. Es una fase. Todos los jóvenes pasan por ella.

–¿Todos los jóvenes se encierran en su cuarto durante semanas? ¿De verdad?

–Déjalo, Dylan.

De nuevo apareció un destello luminoso bajo la puerta, y luego esta se abrió y los dos brazos devolvieron a Max a mamá. Ella lo abrazó y se dio la vuelta para marcharse.

–Mamá, ¿podemos ir a Diggermania? –pregunté antes de que se alejara.

–¿Adónde?

–A Diggermania. Ya sabes, está...

–Sé muy bien dónde está.

–Tienen...

–También sé en qué consiste.

–Bueno. Entonces, ¿podemos ir?

–No.

–¿Por qué no? Tiene una pinta fabulosa y...

–Porque no –estaba crispada y tenía un lagrimón gordo en el párpado de abajo.

–Y si soy bueno de verdad, ¿podremos ir?

–Ya basta, Dylan. ¿De acuerdo? Ya basta.

Y bastó. Bastó para decirme que lo sabía todo. Bastó para decirme que era verdad.

Cuando vi el Jaguar de Bary y Tono entrar en la gasolinera me sentí algo más animado. Al menos estarían contentos porque yo hubiera encontrado el coche. Y aunque se me hacía raro que papá estuviera tan cerca, en Harlech, también era bueno: así, cuando hubiéramos arreglado el asunto del coche, podríamos ir a decírselo.

Corrí hasta la entrada. Tono me dio las llaves de su coche y me dijo que lo llenara. Ya sé que solo era para abrir la tapa del depósito, pero eso de tener en la mano las llaves de un coche de marca clásica tiene algo que te hace sentirte bien.

–Por cierto, el Mini está ahora mismo en el garaje. Lo habían dejado metido en el pabellón tal cual.

–Eso hemos oído.

–Menuda suerte que lo encontrara yo por casualidad, ¿no?

–No estoy seguro –dijo Bary.

–¿Que no fue una suerte?

Fueron a pagar a la tienda y empezaron a hacerle a mamá toda clase de preguntas alucinantes.

–Viendo la documentación –dijo Bary–, hemos comprobado que tuvieron ustedes dificultades para cumplir con los requisitos financieros de su proveedor de gasolina.

Era verdad: fue cuando vendimos el Lego.

–¿Sería inexacto afirmar –dijo Tono– que, antes de desaparecer, el señor Hughes estaba sufriendo dificultades económicas?

–No ha desaparecido –dije yo.

Todos volvieron la vista hacia mí. Mamá me fulminó con la mirada.

–Mi padre no ha desaparecido. Solo se ha ido a Harlech –proseguí.

–Dylan... –gruñó mamá.

–Trabaja en Diggermania –terminé, y me fui al piso de arriba.

Oí a mamá discutir con ellos durante un siglo. Intenté escuchar lo que decían, pero Minnie vino a darme la murga con su *Diccionario del delito y los delincuentes.*

–Mira este –dijo.

No me interesaba.

–Míralo solo un segundo. Este tipo es lord Brocket. Tenía montones de deudas, pero también montones de Ferraris.

–Nadie tiene montones de Ferraris.

–Él sí. Echa un vistazo.

Aún seguía tratando de oír lo que decía mamá, pero los Ferraris me distrajeron, tengo que admitirlo. Aquel hombre había sido dueño del primer Ferrari de carretera que existió, del Fórmula 1 de Niki Lauda y de un Maserati Birdcage.

–Y no podía venderlos porque nadie podía permitirse esos coches. Pero necesitaba el dinero. ¿Y cómo se las ingenió?

–No lo sé.

–Pues simuló que le habían robado y reclamó el dinero al seguro.

–¿Cómo puedes simular que te han robado un coche?

–Bueno, puedes meterlo en una prensa hidráulica...

–¡No es posible! ¿Un Ferrari? No. Eso sería lo peor del mundo. No. Nadie podría hacer que prensaran un Ferrari.

–No. No hizo eso, claro. Si quieres jugársela a un seguro, no puedes hacer nada irreversible por si resulta luego que no funciona.

–¿Y entonces?

–Pues los enterró.

–¿Cómo que los enterró?

–Eso hizo. Los sepultó en la tierra. Genial, ¿no?

Tuve que admitir que había sido una buena jugada.

–Igual que papá –dijo Minnie– en el caso del Mini del pabellón.

–¿Qué quieres decir?

–Bueno, es evidente, ¿no? Se metió en algún lío financiero, como lord Brocket, y, como lord Brocket, decidió hacerle una jugarreta al seguro. Nuestro padre es un delincuente.

–No, no lo es.

–Sí que lo es. Y como Bary y Tono sospecharon de él, se largó con viento fresco. Nuestro padre es un delincuente...

–Cállate.

–¿Ves este desplegable de *Delincuentes eminentes*? Pues está mal. A toda esta tropa, Ronnie Biggs, Jonathan Wild, etcétera, los cazaron. Por eso mismo sabemos que eran delincuentes. Los auténticos delincuentes eminentes son los que no se dejan cazar. Nadie sabe siquiera que son delincuentes. Igual que papá.

–Que te calles, te digo.

–Apuesto a que Manod no tiene el índice más bajo de delincuencia. Seguro que lo que pasa es que lo hacemos mejor y no nos cazan. Te digo que papá es un delincuente y ahora mismo está escondido.

Le volví a gritar que se callara:

–¡Estás diciendo chorradas!

Pero me quedé pensando: «¿Y si tiene razón? Porque acabo de decirles a Bary y Tono dónde está papá...».

La cosa se puso aún peor. Cuando Bary y Tono se marcharon, mamá vino arriba y nos explicó que trabajaban para una compañía de seguros. Estaban contentos de que hubiera aparecido el coche porque así no tenían que pagarnos, pero ahora tenían unas cuantas dudas. Por ejemplo, por qué había desaparecido el coche, para empezar. Además, se habían enterado de que un día Tom el Majo había intentado atracar la estación de servicio en la que luego había encontrado empleo, algo que consideraban una amenaza para nuestra seguridad.

–No irás a despedir a Tom, ¿verdad? –dijo Minnie.

–De momento, no –contestó mamá–. También han dicho que estaban al tanto de que algunas pinturas valiosas de la National Gallery pasaban regularmente por la gasolinera, y opinaban que eso constituía un riesgo inaceptable para el seguro. Así que han dicho que no podrán seguir asegurándonos si no les pagamos miles de libras, cosa que no podemos hacer. Y se han echado la última gota de gasolina que nos quedaba. De modo que vamos a cerrar.

–¡A cerrar! –dijimos Minnie y yo a la vez.

–Pero...

–No discutamos, por favor.

No le hice caso: ¿cómo no iba a discutir?

–¿No podemos seguir abiertos sin asegurarnos? ¿Como el lago de las barcas?

–No.

–¿Por qué?

–Porque ya estoy harta –dijo mamá, y agarró al bebé y se fue a la cama.

24 junio

Coches hoy:
FORD MONDEO TDCi ESTATE: el de Richardson's (la agencia inmobiliaria)

Tiempo: lluvia persistente, incesante y torrencial

Nota: DELINCUENTES HABITUALES

Aunque habíamos cerrado, continué llevando el registro de gasolina. Naturalmente, no había demasiado que escribir en él porque no teníamos gasolina. Pero es que algunas cosas parecían tan importantes que no había más remedio que escribirlas. Como cuando llegó aquel Mondeo (velocidad máxima, 204 kilómetros por hora). Era un TDCi, el que lleva botón de cambio de marchas en el volante. Salí a ver qué quería el tipo (se me había olvidado que ya no éramos El Oasis de Snowdonia - Hogar del Automóvil). Él me saludó con la mano, abrió el maletero, sacó un rótulo de SE VENDE y lo clavó en el poste de telégrafo donde solíamos anunciar las ofertas especiales.

Y sanseacabó. Ese fue el final de El Oasis de Snowdonia.

Tom vino a trabajar a pesar de que mamá le había dicho que no lo hiciera y a pesar de que no había ningún trabajo que hacer. Dijo:

–Quizá podría dar de comer a las gallinas, o pasear a Max, o...

–Tom –dijo mamá–, una de las razones por las que nos cancelaron el seguro fue que teníamos a un delincuente habitual trabajando aquí. Es decir, a ti.

–Pero yo no soy un delincuente habitual, señora Hughes. El señor Hughes dijo...

–El señor Hughes, por si no lo has notado, no está aquí. Y no ha estado aquí desde hace algún tiempo.

–Así que todo ha sido por mi culpa.

Ella le miró durante un minuto. Luego dijo:

–Sí.

–No es verdad –protesté yo.

–Tú cállate –dijo ella.

Para entonces, Tom ya se había ido.

–¿Por qué le has dicho eso? –preguntó Minnie.

–Ha hecho que me sintiera mejor –respondió mamá.

A veces se acercaba alguien en coche, pero cuando veían el cartel de CERRADO, daban la vuelta y se marchaban. Hasta las gallinas parecían enfurruñadas. Se quedaban sentadas en su conejera todo el día, y Donatello dejó de poner huevos (Miguel Ángel nunca había empezado).

Tom pasó un par de veces con su bici. Al principio pensamos que se había hecho un lío, luego creímos que era nostalgia. Por último se nos ocurrió que lo que quería era hablar con nosotros.

Estaba esperándonos después de clase, en el porche del pabellón del parque. Llevaba puesto su casco Ninja. Nos dijo:

–Creo que tengo un plan magistral.

–A ver.

Miró a su alrededor para asegurarse de que no había nadie escuchando. Solo había un pato en el green de golf.

–Mangar un cuadro –musitó.

–¡Sabía que ibas a decir eso! –exclamó Minnie–. Lo has estado planeando desde el principio, ¿a que sí?

–Nada de eso –dijo Tom–. Me he rehabilitado. O me había rehabilitado, más bien. Lo que pasa es que no se me ocurre ninguna otra cosa que podamos hacer.

–Entonces, ¿cuál es el plan? –preguntó Minnie.

–En realidad, solo eso. Mangar un cuadro.

–Las cajas están en los subterráneos de la cantera, Tom. Y solo hay una entrada. El gobierno los ha metido allí precisamente para que nadie pueda robarlos. De modo que es imposible.

–Vaya –dijo Tom.

–Tienes que dejar de intentar resolver los problemas a base de robos. Acuérdate de lo que pasó cuando trataste de atracar nuestra gasolinera –intervine yo.

–Cuando traté de atracar vuestra gasolinera pasaron cosas muy buenas. Vuestro padre me dio trabajo.

–No creo que la National Gallery se lo tomara de ese modo. Mi padre es especial –dije.

–Sí que lo es –asintió Tom–. De todos modos, merece la pena intentarlo.

–No estoy seguro de que tengas razón.

–El único momento en que las pinturas son vulnerables es cuando pasan por nuestra estación de servicio –dijo Minnie–. Tendríamos que conseguir entrar en la furgoneta, quizá mientras se echaran gasolina. Lo malo es que no tenemos gasolina, claro. Y además, la pintura debería estar colgada en la pared del museo a primera hora de la mañana siguiente, de modo que todo el mundo se pondría a buscarla casi inmediatamente. Para tener éxito, habría que sustituir la de la furgoneta por una copia que diera el pego.

Tom y yo la mirábamos sin pestañear.

–Tú has estado pensando seriamente en esto, ¿verdad? –le dije.

–De vez en cuando –contestó Minnie.

A la mañana siguiente, Tom volvió a pasar en bici por la gasolinera. Al ver que yo le miraba, trató de hacer algún tipo de seña con las manos y se cayó de la bici. Salí a ayudarle.

–Te veo después de las clases –me dijo–. Mismo sitio.

–¿Qué quería? –me preguntó mamá cuando volví adentro.

–Nada. Solo se ha caído de la bici.

Tom estaba sentado en el pabellón del parque, con lo que parecía una pila de cajas de Monopoly sobre las rodillas. Solo que no eran cajas de Monopoly.

–He estado pensando en lo que dijiste, Minnie. Que si mangas un cuadro tendrías que cambiarlo por una copia.

–¿Y qué?

Inclinó las cajas para que pudiéramos ver bien las tapas.

–Grandes obras maestras para colorear con sus propias manos –leyó.

–Ah –dijo Minnie–. Ya veo.

–Vuestra madre anda mal de dinero. Los cuadros de allí arriba valen millones. Podríamos mangar uno y cambiarlo por uno de estos.

Tenía tres láminas para elegir. Una era un perro pastor escocés. Otra era una escena alpina. Y otra era un jarrón con flores.

De pronto recordé que a Tom el Majo se le solía llamar Tom el Majadero.

–Colorear con tus propias manos... –repitió Minnie.

–Lo único que tenemos que hacer es encontrar allí arriba un cuadro que sea como una de estas láminas y dar el cambiazo.

Minnie sacó el del jarrón de flores y lo miró con detenimiento.

–Tom –dije yo–, ¿recuerdas lo que hablé con Minnie? Aunque consiguieras robar una pintura, que no lo conseguirías, ¿cómo te desprenderías de ella? ¿A quién conoces que tenga veinticinco millones de libras?

Tom se quedó pensativo, como si estuviera repasando su agenda mental para localizar algún millonario.

–Tom –seguí–, a lo mejor los del seguro tenían razón. A lo mejor eres un delincuente habitual.

–¡No lo soy! Hasta he pagado por ellas... –y señaló las láminas para colorear.

–Tom –dijo Minnie–, no es una buena idea.

Tom la miró fijamente.

–Pero si tú siempre me estás diciendo que robe un cuadro.

–Lo decía en broma. No funcionará.

Tom podía discutir conmigo. Pero nadie puede discutir con Minnie, así que no dijo nada. Solo pareció encogerse.

–Ya lo sé. Ya sé que no. Yo solo quería hacer algo. ¡Tiene que haber algo que yo pueda hacer! Es todo por mi culpa.

Entonces Minnie dijo algo que trataba de ser amable, pero que quizá fuera un error fatídico:

–Podemos colorear la lámina de todos modos. Por si acaso.

Tom sacó a relucir su gran sonrisa de siempre y le ofreció las cajas.

–¿Cuál de ellas? –dijo.

Minnie escogió el jarrón de flores.

Cuando volvimos a casa, miramos en la *Guía revisada y ampliada*. El jarrón de flores estaba en ella. La lámina era una reproducción de un cuadro real de la National Gallery. Se llamaba *Los girasoles*, de Vincent Van Gogh, y era la pintura más valiosa de todo el museo.

–¡La monda lironda! –dijo Minnie–. Con la pasta, bingo. Si tuviéramos un plan estaríamos siguiéndolo a la perfección.

–Solo que no tenemos un plan.

–No. No lo tenemos. Es cierto.

Decidimos pintar la lámina en el taller. Le dijimos a Tom que lo hacíamos así porque era un secreto absoluto y nadie debería saber nada. En realidad era para que mamá no viera a Tom y no volviera a perder los estribos con él.

Los colores venían en unos tarritos numerados, y la lámina estaba dividida en distintas parcelitas también numeradas. Lo único que había que hacer era aplicar cada color en los espacios correspondientes, marcados cada uno con su cifra. Decidimos, además, que cada uno se ocupara de un color para hacerlo más rápido: yo era el amarillo ocre (9), Minnie el siena tostada (4) y Tom el carmesí (13). Al principio solo se veían puntos de pintura brillante sobre un cartón grande.

–Parecen distintos tonos de caca de pollo –dijo Minnie, y los tres nos reímos–. Es como si las gallinas se hubieran puesto hasta arriba de pienso y luego hubieran venido a aliviarse aquí. Como si hubieran celebrado la gran fiesta de la cagarruta.

Luego seguimos pintando, silenciosos y concentrados. Teníamos la sensación de que estábamos haciendo algo por la gasolinera, y aunque en realidad no era así, eso nos hacía sentir bien. El primer día pensamos que no habíamos hecho mucho, pero cuando volvimos a la mañana siguiente nos dimos cuenta de que teníamos casi la mitad. Ya podía verse cómo iba a quedar. Y eso hizo que nos moviéramos más rápido, como cuando casi has terminado un puzle y tienes prisa por colocar la pieza final.

Decidimos por unanimidad que Tom pintara el último número. Fue un toque de bermellón (15) en una de las hojas. El efecto fue espectacular. Hizo que toda la lámina pareciera un cuadro de verdad. ¡Una pintura pintada por nosotros! Nos sentíamos tan orgullosos que nos quedamos allí quietos, contemplándola durante cerca de cinco minutos. Minnie fue a por la *Guía revisada y ampliada* y puso nuestra lámina junto a la foto del original.

–Es increíble –dijo Tom–. Nadie podría decir que no es la pintura verdadera.

–Solo que la nuestra está húmeda –replicó Minnie.

–Ah, claro.

–Pero se secará –aclaró Minnie, aunque yo hubiera preferido que no lo dijera.

Y se secó. Cada mañana lo comprobábamos en el taller. Para el domingo estaba ya seca. Parecía aún más una pintura que antes. Se parecía muchísimo a La Pintura.

Aquella mañana, mamá nos mandó a Minnie y a mí adonde la señora Porty a por una pinta de leche. Me di cuenta de que habían decorado de nuevo el escaparate de Rizando el Rizo con grandes botellas de champú que tenían pelucas encima. Parecía una invasión de minúsculos extraterrestres melenudos, pero los peinados estaban bien. Como marcianitos yendo a una boda, o algo así. Minnie dijo:

–Si tuviéramos un plan, el paso siguiente sería que le pidieras a Lester que mandara a Londres *Los girasoles* y le preguntaras si puede enseñar el cuadro en nuestra gasolinera, igual que la otra vez. Eso nos daría una oportunidad.

–Solo que no tenemos un plan.

–No, no lo tenemos.

Seguimos caminando.

–Te diré otra cosa que tampoco tenemos –dije.

–¿El qué?

–Un marco. Nuestros girasoles están sobre un trozo de cartón que lleva escrito por detrás: «Grandes obras maestras para colorear con sus propias manos». No creerás en serio que cuando llegue al museo van a decir: «¡Hombre, no tiene marco! ¡Qué interesante novedad! Podemos pegarlo con Blu Tack a la pared...».

–Vale, vale –dijo Minnie.

Esa noche me desperté y noté que alguien se había sentado en mi cama. Dije:

–¡Papá!

–No –dijo Minnie–. Soy yo, Minnie.

–¿Qué pasa?

–Estabas preocupado porque no teníamos un marco para *Los girasoles*.

–No, no lo estaba.

–Sí. Decías que nos pillarían si lo veían sin marco.

–Ya, pero no me preocupaba. Porque no vamos a robar ningún cuadro y por eso no tendremos que dar ningún cambiazo.

–La pintura del padre de las señoritas Sellwood. Esa en la que sale Elsa cuando era una niña pequeña.

–¿Qué pasa con ella?

–Tiene un marco como es debido.

Y lo tenía. Un marco grande, pesado y dorado, con hojas talladas. El tipo de marco que se ve en un museo. Mientras todos estaban aún dormidos, fuimos a buscar nuestra obra maestra al taller, sacamos el cuadro del señor Sellwood de su marco y colocamos el nuestro en su lugar. Quedaba fabuloso.

–Parece una obra maestra –dije–. Nadie podría creer que no es una obra maestra.

–Sería un delito NO mandarlo a la National Gallery –dijo Minnie.

30 junio

Coches hoy:
AUDI A8 V12 AZUL: tasador de Richardson's

Tiempo: lluvia

Nota: UNA ESPECIE DE GENIO

Aunque en realidad aún no estábamos planeando robar ningún cuadro en absoluto, sentíamos ya el miedo de que nos pillaran. Por eso, cuando llegamos a casa y vimos en la entrada de la estación de servicio un fabuloso Audi Quattro A8 V12 (velocidad máxima, unos impresionantes 250 kilómetros por hora), pensamos que la policía había venido a por nosotros.

–¿Cómo va ser la policía? No hemos hecho nada todavía –dije.

–Conspiración –contestó Minnie.

Un hombre con un traje a rayas se apeó y dijo:

–Soy de Richardson's, la agencia inmobiliaria.

–Oh –dijimos Minnie y yo a coro.

–Ya vinieron el otro día –añadió Minnie.

–Ese fue el tipo del rótulo. Yo soy el tasador –llevaba una cámara fotográfica y un portapapeles con pinza–. A ver, ¿donde está vuestra mamá?

El Audi, por cierto, tiene un motor V12 (como un Bentley) y un embrague multidisco electrohidráulico, característico de los Audi, que distribuye por igual la potencia a los ejes delantero y trasero del coche. ¿Pero qué más da eso? No tiene mayor interés si no le pones gasolina.

En cuanto mamá hizo pasar al hombre, Minnie me agarró del brazo y susurró:

–Al taller. Rápido.

–¿Qué pasa? –le pregunté.

–Si se pone a mirarlo todo, encontrará esto –y señaló nuestra obra maestra, que estaba en un rincón, encima del manómetro para la presión de neumáticos–. Para que el crimen sea perfecto, tenemos que estar seguros de que nadie puede encontrar la menor conexión entre nosotros y el cuadro. Y esto es una pista como una catedral.

Colamos la lámina dentro de la casa por la puerta de atrás. Podíamos oír a mamá enseñándole la cocina al hombre del traje a rayas.

–¿Dónde lo ponemos? Van a pasar por todas partes.

Abajo, mamá decía:

–Así que esta es la cocina. Este es el saloncito... –iban a aparecer arriba en cualquier momento.

–¿En mi dormitorio?

–Van a pasar por todos los dormitorios. En todo caso...

Antes de que pudiera terminar, Marie abrió la puerta de su habitación y salió al pasillo. Iba al cuarto de baño. Pasó silenciosamente a nuestro lado sin mirarnos siquiera, como un fantasma. Su puerta había quedado medio abierta.

Minnie sonrió con alivio.

–Bien –dijo–. Nadie va a mirar ahí dentro y vivir para contarlo –agarró la lámina y añadió–: Tú quédate aquí y la entretienes si hace falta.

Se internó en el cuarto de Marie y oí cómo movía cosas de un lado a otro. Abajo, el hombre del traje a rayas estaba hablando de la vista que había desde la ventana del saloncito.

–Vamos, Minnie... –susurré, porque ya habría debido salir. Ahora no se oía movimiento alguno.

Sonó la cadena del retrete.

–Minnie, vamos, que ya viene –susurré, sorprendido de sentirme tan asustado.

Los grifos se abrieron. Marie estaba llenando el lavabo. El hombre de abajo examinaba ahora la chimenea de gas con efecto de lumbre.

–Minnie, ¿qué narices estás haciendo?

De pronto sonó el chasquido de la puerta del cuarto de baño al abrirse y cerrarse, y Marie apareció a mi espalda. Casi en el mismo momento, Minnie se asomó a la puerta del dormitorio. Pues magnífico: ahora iba a montarse una buena bronca, todo el mundo se enteraría de lo que tramábamos, iríamos a la cárcel, saldríamos en los periódicos...

Marie se deslizó hacia el interior de su habitación. Ni siquiera miró a Minnie cuando pasó a su lado. Volvió a entrar y cerró la puerta.

–Mira que es rara –dije–. Afortunadamente. Creí que iba a ponerse como una fiera al ver que habías estado ahí dentro.

–Pero no se ha enfadado –dijo Minnie–, así que hemos salido bien librados, ¿no? Está debajo de su cama. Y nosotros estamos a salvo.

Cuando dijo eso, noté algo extraño: Minnie estaba llorando.

–¿Qué te pasa? –dije–. No hagas eso. ¿Por qué lloras?

–No estoy llorando –dijo ella.

–Menos mal –dije yo.

Pero sí que estaba llorando. Debía de haber visto algo en el cuarto de Marie. En cualquier caso, el hombre del traje a rayas subió en ese momento las escaleras. Venía con mamá, así que por suerte yo no tuve que hablar con él. El hombre llegó a la puerta del cuarto de Marie, agarró el pestillo y trató de abrir.

–No estoy segura... –dijo mamá.

La voz de Marie surgió de la habitación como una daga atravesando el aire:

–¡Largo de aquí! –chilló.

Y el hombre obedeció. Nuestro secreto quedó a salvo.

–Dice que conseguiremos sacar un precio muy bueno –dijo mamá después de irse el hombre del traje a rayas–. Por la vista excepcional y porque está claro que a la estación de servicio se le puede sacar mucho partido. Cree que se podría poner aquí un hostal, un vivero o lo que sea. Muy esperanzador.

Sé que es increíble, pero la verdad es que hasta ese momento no había pensado en que fuéramos a irnos. Contemplé la vista excepcional desde la ventana.

–¿Cuánto tiempo nos queda? Quiero decir... ¿Cuánto tardaremos en irnos? –preguntó Minnie.

–Eso depende de que encontremos un comprador –dijo mamá–. Y de que podamos hacer que Marie salga de su habitación. Nadie va a querer comprar esto con ella dentro.

Le contamos a Marie que la casa estaba en venta en una nota que le metimos por debajo de la puerta.

Minnie vino a dormir a mi cuarto.

–Si conseguimos hacernos con ese cuadro –dijo–, podremos hacer que el rótulo de SE VENDE desaparezca más rápido de lo que vino. Podríamos montar nuestro propio vivero.

–Pero no podremos hacernos con ese cuadro porque no vamos a robar ningún cuadro.

–Ya lo sé –dijo Minnie–. Lo que pasa es que no recuerdo por qué no.

–Porque, si te acuerdas, no conocemos a nadie que tenga veinticinco millones de libras. Conque... ¿qué sentido tiene?

–Tienes razón –dijo Minnie.

Me di la vuelta e intenté conciliar el sueño.

–A no ser que...

–¿Qué?

–Pues que no queremos veinticinco millones de libras. Veinticinco millones de libras es lo que recibiría el museo si se pierde el cuadro. Pero si nosotros le ofreciéramos devolvérselo por mucho menos, puede que estuvieran encantados. Ni siquiera sería robar. Sería solo dar un toque de atención.

–Sería apropiación indebida.

–Exacto. Y la apropiación indebida es menos grave, ¿no?

–¿Como cuánto de menos?

–Pues le estaba dando vueltas ahora mismo. Si lo piensas, toda la culpa es del museo. Antes de que vinieran aquí, estábamos tan ricamente. Papá era feliz. Tom era feliz. Marie era feliz. El museo es la causa de que mamá tenga que pagar más por el seguro. Por eso deberían pagarlo ellos. Y también una cierta remuneración para Tom.

Es todo lo que queremos: que todo vuelva a ser como era antes...

Eso de que todo volviera a ser como antes sonaba muy tentador.

–... y quizá un poco de dinero en efectivo, para irnos de vacaciones o algo así.

–No –dije yo. Volví a darme la vuelta y me hice el dormido.

–¿Seguro que no?

–Segurísimo.

–¿Ni siquiera para que Tom pueda volver a trabajar?

–No.

–Pues muy bien. Pero tendrás que contárselo tú a Tom. Y tendrás que contárselo pronto, antes de que empiece a hacerse ilusiones.

–Pues de acuerdo. Lo haré.

–Estupendo. Buenas noches.

Pasó un ratito y dije:

–Min... ¿Por qué llorabas al salir de la habitación de Marie?

Pero debía de haberse quedado dormida, porque no contestó.

A la mañana siguiente, Tom estaba a la puerta de la escuela. Cuando me vio llegar, corrió hacia mí, me chocó los cinco y siguió apretando y sacudiéndome la mano hasta que creí que se me iban a caer todos los dientes. No dejaba de decir:

–Qué contento estoy. Qué contento estoy.

–Estupendo –dije–. ¿Y por qué?

–Minnie dice que tienes un gran plan. Dice que vas a hacer que todo vuelva a ser como antes. ¡Y hasta podré recuperar mi empleo!

–¿Cuándo ha dicho semejante cosa?

–Ahora mismo. Gracias. Gracias. Gracias.

–Bueno, en realidad no debería haber dicho eso...

–¿Por qué? ¿Es que querías que fuera una sorpresa?

–No, pero...

–Dylan: allá donde voy en este pueblo, veo cosas que tú has hecho. Los escaparates bonitos. El lago de las barcas. El pabellón. La señal de tráfico. Tú eres quien realmente ha producido todo eso. Tú has hecho mejor a este pueblo. Y ahora vas a hacerme mejor a mí.

–Bueno, la verdad es que...

–Dylan, eres como tu padre. Lo arreglas todo.

Eso fue el martes. Así que todavía me quedaba un día antes de que Lester decidiera qué pintura enviar a Londres.

Cuando llegué a casa, me puse el abrigo gordo, salté la cancela y me fui monte arriba. Sabía que tenía que intentarlo.

Volví a seguir las piedras blancas hasta la nube, pasé por delante de la gran roca con los dibujos de las caras, atravesé la nube hasta salir al sol y me quité el abrigo. Apenas había llegado a la alambrada cuando Lester salió a mi encuentro.

–Me alegro de verte –dijo–. Lo pasé estupendamente durante nuestra velada de la semana pasada. Espero que tú también.

–Sí, estuvo bien.

–¿Y tu madre?

–Bien, le gustó mucho. Les gustó a todos.

Con lo contento que estaba de verme, y yo había ido allí solo a robarle un cuadro. Pensé en contarle toda la verdad allí mismo, pero de pronto dijo:

–He oído que os vais a trasladar.

–Pues sí.

–¿Adónde?

Contemplé la vista excepcional: el picacho negro y brillante del monte Blaenau, las laderas verdes del monte Manod y el gran edredón de nubes que cubría mi pueblo. ¿Era cierto que íbamos a marcharnos y abandonar todo aquello? Respiré hondo y dije:

–¿Ha oído usted hablar alguna vez de una pintura llamada *Los girasoles*?

–Pues claro.

–Es de...

–Ya sé de quién es *Los girasoles*.

–¿No estará guardada aquí, por casualidad?

–Pues sí, la tenemos. Es cierto que el artista pintó toda una serie de cuadros de girasoles, pero uno de los mejores está aquí, en nuestra colección. Me sorprende que te interese. Estaba pensando que quizá te apetecería ver alguna cosa de Velázquez. En realidad, *Los girasoles* está horriblemente sobrevalorado y...

Me habría dejado fácilmente sin argumentos si se lo hubiera permitido, pero le interrumpí:

–La verdad es que me gustaría que viéramos *Los girasoles*.

–Bueno, te confieso que estaba considerando en serio la necesidad de mandarlo a Londres en algún momento. Es uno de esos cuadros que encandilan al público. Así que ¿por qué no esta semana? Entra: hay algo que quiero enseñarte.

Lester me condujo al interior de la montaña y descendimos a la gran galería en que se encontraban las pinturas. Las luces estaban apagadas. La oscuridad era absoluta.

–Dylan –dijo–, cuando vine a este lugar, estaba deseando guardar esas pinturas exclusivamente para mi disfrute. Acabó por resultarme odioso verlas colgadas en el museo ante manadas de domingueros boquiabiertos. Ahora iba a poder tenerlas todas yo solo en mi cueva, como un viejo dragón guardando su tesoro.

–¿Puedo encender las luces?

–Espera un momento. Una vez aquí, descubrí que yo mismo no disfrutaba más de las pinturas que aquellos domingueros. Para mí estaban... como muertas, igual que mariposas en la vitrina de un museo. Pero apareció alguien que abrió de pronto la vitrina, y dejaron de estar muertas. Echaron a volar. Y entonces fue cuando llegué por fin a entenderlas.

–Qué bien.

–Esa persona, la persona que las dejó volar, eres tú, Dylan Hughes. Y tan solo quería darte las gracias. Ahora ya puedes encender las luces.

Eso hice. Y él me dijo:

–¿Qué te parece?

Era fabuloso. Donde habían estado todas las hileras de cajas, ahora había hileras de pinturas. Pinturas grandes, pinturas pequeñas, pinturas enormes, pinturas de mujeres con sombrero, pinturas de hombres cazando, ciudades, mares, barcos, leones, tigres, de todo.

–Un banquete para la vista, ¿eh? Pensé en los hombres que trabajan aquí. ¿Por qué tenían que pasarse el día contemplando cajas cuando podían estar admirando los mayores logros de la civilización, como dice tu profesora? ¡Pues fue gracias a ti! Esto es todo obra tuya. Eres una especie de genio. Y ahora vamos a localizar tus girasoles. A ver: impresionistas, por aquí...

Echó a andar entre las hileras de pinturas. Las miré una por una y solo pude pensar esto: «Es culpa suya. Si no fuera por estos cuadros, todavía seríamos felices. Aún tendríamos la gasolinera. Hasta puede que volviera papá. Todo ha sido por las dichosas pinturas».

–Lester... Señor Lester, yo... –balbucí.

–¿Sí?

–Yo no soy un genio.

–Bueno, genio es una palabra de la que se abusa mucho.

–Ni siquiera soy inteligente.

–Las personas inteligentes siempre creen que no lo son.

–No sé nada de pintura.

–Saber que no sabemos nada es el principio de la sabiduría, como dicen en *Las alucinantes aventuras de Bill y Ted*. Ja, ja, ja.

–Mis gallinas...

–¿Tus gallinas? Ah, sí. Donatello y Miguel Ángel.

–No se llaman así por los pintores. Se llaman así por las Tortugas.

Lester pareció algo perplejo.

–Las Tortugas Ninja –expliqué–. Bueno, las Tortugas Ninja Mutantes Adolescentes. Se llaman Rafael, Miguel Ángel, Leonardo y Donatello. Y Astilla. Pero ese no es en realidad una tortuga. Es una rata mutante.

Lester se me quedó mirando fijamente.

–Llamamos así a mis gallinas por ellos. No por los pintores.

–Pero... tú...

–Yo no había oído hablar nunca de los pintores.

Se quedó callado. Al cabo de un rato, yo dije:

–Lo siento.

Siguió sin decir nada.

Pensé que sería mejor que me fuera.

–¿Quiere que apague las luces? –pregunté.

Pero tampoco contestó.

2 julio

Coches hoy:
GRAND CHEROKEE V8: hermanas Sellwood

Tiempo: mucha agua

Nota: EL PLAN B

Lo más raro era que ya no teníamos que echar gasolina ni ayudar en la tienda. Y además, yo había dejado de ser un genio. Por primera vez no había nada que hacer en Manod. No es extraño que nos inclináramos hacia la delincuencia. Todos los días parecían miércoles. De hecho, ese era ahora el día más interesante, porque al menos venían las hermanas Sellwood. Ese miércoles, Edna tocó el claxon y, cuando salí, me pidió su ejemplar del *People's Friend* (esa revista femenina con novelitas).

Le expliqué que habíamos cerrado.

–Elsa, dice que han cerrado –dijo Edna.

–Vaya por Dios –respondió Elsa–. ¿Tienen tu *People's Friend*?

–No, no lo tienen. Tendremos que ir donde la señora Porty.

–Cerrado –suspiró Elsa–. Y acababan de abrir, como quien dice.

–Y yo que había empezado a acostumbrarme a que estuvieran aquí... –dijo Edna.

Y se marcharon.

Yo había pasado casi toda mi vida en El Oasis de Snowdonia. Pero las Sellwood habían pasado toda la suya (que era mucho más larga) en su casa de la montaña. A ellas les parecíamos una novedad. Y de algún modo, aquello me alivió. Por eso, cuando salió Minnie, me sentí de lo más relajado al decirle:

–No habrá robo. Lester sabe que no tengo ni idea de arte y no va a permitir que la furgoneta pare aquí para enseñarnos el cuadro. Ni siquiera me habla ya. Y tampoco sé si elegirán *Los girasoles* esta semana.

–No importa –respondió Minnie–. Siempre nos queda el plan B.

–¿Plan B? ¡No sabía que teníamos un plan A!

–Te veré en el garaje después de las clases.

Cuando nos vimos en el garaje, Minnie lo tenía todo preparado. Dos sillas de la tienda de muebles de ocasión (con descuento por deterioro), una para mí y otra para Tom. Una bandeja con bebidas. Cuadernos y lápices. Y en el banco de trabajo, algunos cochecitos de juguete y una llave inglesa para poder explicarnos su plan. Había trabajando a fondo en ello. Tanto, que me tenía preocupado. Este era el plan B:

1. Meter nuestro cuadro en una caja de madera como las del museo

–Puede que os preguntéis dónde demonios vamos a conseguir una de esas cajas –dijo Minnie, y a continuación sonrió y sacó una de debajo de la grúa. Tenía «National Gallery Collection» escrito por delante, porque era la que Lester se había dejado en casa cuando se olvidó de llevarse el *Díptico Wilton*.

Primer paso: cumplido.

Minnie se ocupó de colarse en el cuarto de Marie, sacar nuestra pintura y guardarla en la caja. Lo hizo todo y además se llevó prestado el móvil de Marie.

2. Subir a la montaña la caja ya lista para el cambiazo

Tuvimos que esperar hasta el domingo por la noche, porque era cuando Lester iba a meter en su caja la pintura del museo para que la cargaran en la furgoneta y la transportaran a Londres el lunes.

Esa noche, Tom se escondió en el garaje para esperar a que yo y Minnie saliéramos, cosa que no podíamos hacer hasta que mamá se fuera a la cama. Pero se quedó levantada hasta tarde.

Estaba colocando bártulos en cajas, unas para llevárnoslas nosotros y otras para ir con ellas a un mercadillo (el Superbaratillo Bajo los Focos del Dynamo de Blaenau se celebraría pronto). Me quedé dormido, pero Minnie me despertó.

Nos preocupaba mucho que nos vieran los guardas. Pero de pronto me acordé del betún para zapatos que papá había comprado en Paga & Corre, y nos lo untamos en la cara para que no se nos viera en la oscuridad. Casi se nos olvida sacar a Tom del taller. Cuando abrimos la puerta, dijo:

–¡Mirad lo que he traído!

Tenía tres máscaras de las Tortugas Ninja. Yo no estaba muy seguro de que fueran un buen disfraz, pero él siempre había querido ponérselas, así que nos las pusimos.

La caja no era demasiado pesada, y resultaba fácil seguir las piedras blancas. De vez en cuando tosía alguna oveja, y eso daba algo de miedo. Pero llegamos hasta arriba.

3. Cambiar nuestro cuadro por el otro

–Esperad –dije a medio camino–. ¿Cómo vamos a hacerlo? Hay una alarma y...

–Yo puedo deshacerme de esa alarma –contestó Minnie.

–No tendrá nada que ver con avispas, ¿no? –dijo Tom.

–Nada de avispas.

–Entonces, muy bien. Odio las avispas.

–No, Tom –dije yo–. De muy bien nada, porque no es verdad –me volví hacia Minnie–. ¿Cómo piensas deshacerte de la alarma? ¿Quién crees que eres? ¿El Fugitoide?

El Fugitoide es ese robot que era el principal aliado de las Tortugas cuando luchaban contra el General Blanque en el planeta D'Hoonib del Sistema Sidayon. Es capaz de perforar una piedra.

–No necesitaré ninguno de esos poderes. Lo puedo hacer con un paquete de Quavers –respondió Minnie, y mostró un paquete de patatas fritas que había comprado para la ocasión.

Yo estuve preocupado por lo de la alarma durante toda la subida. Cuando, una vez arriba, Minnie sacó de su abrigo el paquete de Quavers, a los dos minutos se podía oír a las ovejas que acudían de todas partes. La siguieron hasta la alambrada.

–Levantadla –susurró–. Alzad el alambre y dejad que entren un par de ellas.

Lo hicimos y Minnie añadió:

–Esperad aquí. Voy a desconectar la alarma.

–¿Cómo?

Pero ya no estaba. Nos escondimos detrás de un peñasco, el que tenía garabatos dibujados. Por fin la vimos dirigiéndose hacia el Tecnódromo, que es donde Lester dejaba las pinturas que se iban a transportar.

–¡Se ha olvidado de la lámina! –dijo Tom; todavía teníamos con nosotros la caja de madera del museo–. Voy tras ella.

–No, no, no, no, no, no, no –dije yo–. Espera a ver qué hace.

De pronto se disparó la alarma. El eco resonó por cuevas y precipicios como si toda la montaña fuera un timbre gigantesco. Se produjo un relampagueo de luces azules. Los hombres se pusieron a dar carreras y todas las ovejas que había a millas de distancia enloquecieron.

Yo estaba preocupado. Tom parecía aterrado. Pero, de repente, Minnie se sentó a nuestro lado y miró su reloj.

Cuatro quads se acercaban rugiendo y deslumbrándonos con los faros.

–Dos minutos –murmuró Minnie–. Excelente.

Los quads retumbaron de un extremo a otro de la alambrada mientras sus conductores buscaban intrusos. Nos agachamos detrás de la peña. Al cabo de un rato, volvieron rugiendo hacia el Tecnódromo y la alarma cesó.

–¿Has localizado el cuadro?

–Aún no –dijo Minnie–. Espera media hora.

–¿Por qué?

–Ya lo verás.

Así que esperamos y observamos. Había hombres con linternas corriendo por todos lados. Al fin encontraron las ovejas que habíamos metido en el recinto cercado. Pudimos oír cómo se gritaban unos a otros:

–¡Solo son ovejas!

Uno de ellos intentó llevar a una oveja hacia la alambrada, pero la oveja no estaba por la labor. Por desgracia para ellos, los guardas no tenían Quavers.

Nos quedamos allí sentados, mirando a las estrellas. Desde aquella altura brillaban a tope, mucho más que desde el pueblo.

–¿Por qué estaría el General Blanque tan obsesionado con el Fugitoide? –dijo Tom.

–Porque quería usar su dispositivo transmaterializador para alcanzar sus fines de dominación galáctica.

–Ah –dijo Tom.

Por fin, Minnie se puso en pie.

–Voy a darle a la alarma de nuevo.

Un momento después, la alarma volvió a dispararse y se armó el mismo follón de hombres y ovejas que antes.

Cuando Minnie volvió, dijo:

–Cuatro minutos para salir con los quads. Empiezan a estar más lentos.

Hizo saltar la alarma otras tres veces, y los guardas tardaban cada vez un poquito más en salir de su cubil. Mientras tanto, nosotros seguíamos agazapados detrás del peñasco hablando de unas cosas y otras. Resulta que Tom se sabía los nombres de algunas estrellas.

–Esa es Vega –decía–. Ojalá hubiéramos traído un termo con chocolate caliente. Y esa es Casiopea. Estoy helado.

Y cosas así.

La luna hacía que la gran roca brillara como si fuera de plata, y las líneas del dibujo que tenía en un costado parecían negras como la tinta. Todas las caras grabadas en la piedra apuntaban a la misma dirección: hacia el borde de arriba, donde estaba el copete de musgo. ¿Qué estarían mirando? No sé de dónde me vino la idea, pero levanté la mata de musgo y traté de ver qué había debajo. De pronto se produjo a mi lado un ruido como el de una ametralladora minúscula. Dejé caer el musgo y me agaché rápidamente.

–Solo soy yo –dijo Tom, que tenía una linterna en la mano–. Es mi linterna de manivela.

Levantó el musgo y dirigió el haz de luz hacia el borde del peñasco. Donde había estado el musgo apareció un dibujo: eran dos mujeres con el pelo suelto. Lo que miraban todos aquellos hombres eran esas mujeres. Los trabajadores de la cantera debían de haber grabado aquello muchos años atrás.

La sexta vez que Minnie hizo su truquito, la alarma ya no saltó. Volvió con una gran sonrisa.

–La han desconectado –dijo–. El sitio está abierto de par en par. Quizá deberíamos llevarnos unos cuantos cuadros más.

–No.

Nos levantamos los tres y llevamos nuestra obra maestra coloreada al Tecnódromo. En el momento de abrir la puerta, se disparó una nueva alarma. Fue como un puñetazo en los oídos, y me tuve que morder el labio para no gritar. Nos quedamos paralizados en el sitio. La luna recortaba en el suelo nuestras siluetas, inmóviles como fósiles. Hasta el vaho que nos salía de la nariz parecía tener miedo a moverse.

Pero no ocurría nada.

Allí dentro estaba el cuadro, bien embalado en su caja. Dejamos nuestra pintura y nos apoderamos de la otra. Y en ese momento se detuvo la alarma. El silencio era casi peor que el ruido. Nos quedamos allí quietos, conteniendo el aliento. Luego, Minnie salió, y yo y Tom la seguimos.

Hasta que llegué a la alambrada no lo pensé: «Veinticinco millones de libras».

4. Poner la pintura de las señoritas Sellwood en el marco de *Los girasoles*

Fue idea de Minnie, y hay que reconocer que era impresionante.

El plan era sacar *Los girasoles* de su marco, poner la pintura de la señorita Sellwood cuando era niña en la parte delantera, colocarle *Los girasoles* detrás y encajarlo todo en el marco tal cual. Ahora, si alguien registraba la casa, podría estar mirando un Van Gogh y no enterarse jamás, porque estaba oculto detrás del retrato de su hija que había hecho el viejo señor Sellwood.

Genial.

En cuanto bajamos de la montaña, nos metimos en el taller. Encontré la muesca especial bajo la T de National, introduje en ella una palanqueta y abrí la caja. Había plástico de burbujas por encima, pero lo quitamos y allí estaban: *Los girasoles*.

No se parecía nada a nuestra obra maestra coloreada.

Creíamos que la nuestra era bonita, pero esta... El amarillo era tan amarillo que casi alumbraba la estación de servicio. Y aunque solo eran unas flores, parecía un cuadro al mismo tiempo triste y feliz. ¿Cómo pueden ser tristes unas flores? ¿O felices, si vamos a eso? Pues estas lo eran. Nos quedamos allí sentados, contemplando la pintura durante un siglo. Lo más extraño era que al llegar de la montaña estábamos helados, pero mirar *Los girasoles* era como calentarse a la lumbre. Había tanta luz en el cuadro que me sentía como si hubiera vuelto a lo alto del monte aquel primer día, cuando no me esperaba que allí hiciera sol.

Fuera, los pájaros empezaron a cantar de pronto. Se acercaba la mañana.

–Vamos a necesitar una foto –dijo Minnie.

–¿Qué?

–Para probar durante las negociaciones que tenemos el cuadro. He conseguido sacar la Polaroid de Marie de su cuarto. Tendrás que hacerla tú, Tom.

–Pero es que yo quiero salir en la foto –dijo Tom.

–No puedes. Habría pruebas que te relacionarían con el delito. Nosotros somos menores de edad: no podemos ir a la cárcel.

–Yo podría ponerme mi máscara de las Tortugas.

Y eso es lo que hicimos. Pusimos la cámara en automático y nos plantamos delante, disfrazados de Tortugas Ninja y sujetando *Los girasoles*. Era un disfraz absurdo, porque solo hay una persona en Snowdonia que tenga tantas máscaras de las Tortugas y todo el mundo sabe quién es.

Desatornillamos la parte de atrás del marco y yo saqué el bastidor. La pintura era espesa y me daba miedo que pudiera empezar a desprenderse. Minnie depositó la obra del señor Sellwood en el marco. Se suponía que yo debía colocar *Los girasoles* justo detrás, pero me preocupaba que la pintura rozara con la tela del otro cuadro.

–Poned papel de rollo, o algo así.

Papá tenía un rollo grande de papel en un estante junto al Swarfega, ese detergente especial que usan los mecánicos para lavarse las manos. Forramos la parte de atrás del otro cuadro con el papel y a continuación colocamos *Los girasoles* en el sitio previsto. Luego lo dejamos todo bien guardado y...

–Ahí lo tenéis –dijo Minnie–. El crimen perfecto.

–¿Y ahora qué hacemos? –preguntó Tom.

–Cruzar los dedos –dijo Minnie.

7 julio

Coches hoy:
FURGONETA COMBI BLANCA: solo pasó de largo
BMW M5 NEGRO CARBÓN: D. Q. Lester
(investigación criminal)

Tiempo: no me fijé

Nota: LAS COMPAÑÍAS DE SEGUROS TIENDEN
A ESPECIALIZARSE

Ya era lunes. La furgoneta blanca cruzó la estación de servicio. Inmediatamente detrás venía Lester en su coche. Nos saludó con la mano y pensamos: «Allá vamos».

–Listo. Misión cumplida –dijo Minnie.

–Obra maestra coloreada rumbo a Londres.

De pronto, en el piso de arriba sonó un alarido terrible.

–¿Qué es eso? –pregunté alarmado.

Por un momento se me ocurrió pensar que era algo relacionado con el robo, como que la policía había entrado por la ventana o algo por el estilo. Luego, el alarido se convirtió en una serie de gritos y estrépito de cosas que se tiraban. Era Marie. Algo no le había gustado.

–¿Pero qué pasa?

–Nada –dijo Minnie–. Ven, que llegamos tarde a clase.

Y más o menos me arrastró fuera de allí y corrimos hacia la escuela.

Normalmente, cuando vamos a la escuela, Minnie y yo lo hacemos cada uno por nuestro lado. Pero ese día no nos separamos ni un momento el uno del otro, como si a ambos nos preocupara que el otro fuera a decir algo que nos delatara. Minnie se pasó el día entero sonriendo: estaba encantada de haberse convertido por fin en una Delincuente Eminente. Se sentía tan contenta que canturreaba entre dientes mientras hacía sus ejercicios de matemáticas. La señorita Stannard le echó la bronca, y ella se limitó a dedicarle su sonrisa de Mona Lisa como si estuviera pensando: «Y le dijeron a la Delincuente Eminente que dejara de canturrear...».

Al llegar a casa, el coche de Lester estaba aparcado sobre la hierba, en el lado de fuera de la cancela. Acababa de volver de Londres y daba la impresión de que había conducido de un tirón. A pesar de que el BMW tiene asientos ergonómicos y un excelente sistema de control de crucero para viajes largos, parecía cansado.

–Tranquila –le dije a Minnie–. A estas horas debe de saber que el cuadro ha desaparecido, pero no es posible que sospeche de nosotros.

–Muy bien –dijo Lester–. ¿Dónde está?

–¿Donde está qué? –dije yo.

–No le he dicho nada a vuestra madre porque no quiero darle aún más disgustos. Sencillamente, devolvedme la pintura ahora mismo y no hablemos más del asunto.

Me miraba directamente a los ojos. Pero yo no era capaz de mirarle a él.

–Esperábamos una recompensa –dijo Minnie.

–¿Recompensa? –dijo Lester–. La recompensa será que no vayáis a la cárcel.

–Somos demasiado jóvenes para ir a la cárcel.

–En ese caso, irán vuestra madre y vuestro amigo Tom. Ellos sí pueden.

Tragué saliva.

–No. Escuche –dije–. Está bien. Nosotros...

–¿Lo sabe la policía? –interrumpió Minnie.

–Yo estaba presente cuando abrieron la caja. Casi me desmayé. Por suerte para vosotros, tuve la presencia de ánimo suficiente para inventar una historia sobre un proyecto de arte con vuestra comunidad... De momento, solo yo lo sé. Si lo devolvéis inmediatamente, puede que os libréis de una sentencia de prisión.

–Vale. Gracias –dije, y estaba a punto de ir a por el cuadro cuando Minnie me detuvo.

–Está oculto –dijo– y totalmente a salvo. Pero vamos a necesitar algo de tiempo.

–Puedo daros un poco. Pero muy poco. ¿Entendido?

–Desde luego. ¿Y qué van a hacer con el otro cuadro?

–Lo van a exponer. Durante esta semana.

–¡Rayos y papagayos! –soltó Minnie–. ¡Cowabunga!

–Ni cowabunga ni gaitas –dijo Lester–. Devolved el cuadro y punto. ¿Tenéis idea de lo frágil que es?

–Ya ha hecho usted su oferta –dijo Minnie–. La consultaremos con la almohada.

Yo había leído sobre gente que fulminaba con la mirada, pero no lo había visto nunca hasta ese momento. Los ojos de Lester se habían convertido en dos pistolas láser diminutas.

Volvió a meterse en su coche. Luego bajó la ventanilla y me miró.

–Dylan, quiero disculparme –dijo, y me pareció un poco raro– por haberte sobrevalorado. Te tenía en mucha estima. Me equivocaba. Jamás debí haberte enseñado esas pinturas. Jamás debí haber enseñado ninguna pintura a nadie.

Y arrancó.

–¿Cómo ha sabido que fuimos nosotros? –dije.

–Era parte del plan –contestó Minnie–. De pronto se me ocurrió pensar que no tenía ningún mérito birlar la pintura si nadie se enteraba de que la han birlado. Así que, en vez de poner nuestros girasoles, puse el collage de Marie. Por eso chillaba así esta mañana, porque me había llevado su collage.

–¿Qué collage?

–Había hecho uno. Como aquel que hizo con las fotos de *Ponte Mona*, pero distinto.

–¿Y lo cambiaste por nuestros girasoles?

–Eso es, y ahora está en la National Gallery. Eso la animará cuando se entere.

–Ya. Eso nos aliviará mucho cuando vayamos todos a la cárcel.

–¿Me dejas tu boli?

Le di mi boli, el que tenía el teléfono de Bary. Sacó el móvil de Marie y empezó a marcar.

Arriba, Marie seguía gimiendo.

Seguí a Minnie dentro de casa y le pregunté:

–¿Qué haces?

–Si tu amigo Lester no está por la labor, yo sé de alguien que estará dispuesto. Al fin y al cabo es el seguro, no el museo, quien tendrá que pagar si no aparece la pintura. Así que es la compañía de seguros la que tiene más motivos para soltar la pasta. ¡Oiga!

Habían contestado.

–Soy Minnie, la de la gasolinera. Nos gustaría verles y hablar con ustedes.

Nos encontramos en el pabellón del parque. Llegaron en su XJ 4.2 directamente al posible green de golf y se apearon.

–¿Es a propósito del Mini? –preguntó Bary.

–Porque no queremos que se nos siga mareando –dijo Tono.

–Este –dijo Bary señalándome– me dijo que su padre trabajaba en Diggermania. Pero se fue de allí hace días y nadie ha vuelto a verle.

–Así que no sigáis haciéndonos perder el tiempo.

Me sorprendió tanto la noticia de papá que se me olvidó asustarme de ellos. De todas formas, allí la que realmente daba miedo era Minnie.

–No nos importa el Mini –dijo–. Estamos aquí por esto.

Y les enseñó la foto de la Polaroid con nosotros disfrazados y con los auténticos girasoles en nuestro poder.

Bary miró la foto con atención. Parecía desorientado. Tono la miró con la misma atención. Parecía aún más desorientado.

Tono miró a Bary. Bary miró a Tono. Los dos me miraron a mí. Y yo miré a Minnie.

–Son *Los girasoles*, de Vincent Van Gogh –explicó ella–. Robado del museo este fin de semana. Sabemos dónde está. Revelaremos su paradero a cambio de una generosa recompensa.

Bary y Tono volvieron a mirarse.

–Interesante –dijo Tono.

–¿Pero qué tiene eso que ver con nosotros? –dijo Bary.

–Bien, pues que, si no lo recuperan, la compañía de seguros tendrá que pagar veinticinco millones de libras. O sea, que podríamos ahorrarle a la compañía decenas de millones. ¿Quieren hacer un trato?

–En realidad, no –dijo Bary–, porque no es nuestra compañía. Es otra empresa de seguros. Hoy en día, las compañías de seguros tienden a especializarse. Nosotros nos dedicamos a asegurar estaciones de servicio y gasolineras rurales o de veinticuatro horas, ese tipo de cosas. No trabajamos colecciones de arte.

–Oh –dijo Minnie.

Y fue entonces cuando recordé que, además de ser una Delincuente Eminente, era todavía una chavalina.

–De modo que... –Bary y Tono estaban riéndose–. De modo que ibais a intentar hacerle una pequeña trampa al seguro por vuestra cuenta, ¿eh? Igual que vuestro padre. Lleváis la delincuencia en la sangre, ¿no es así?

Yo ya había oído lo suficiente. Me di la vuelta y me fui. Minnie vino tras de mí. Estaba a punto de llorar. Pero Bary la llamó.

–Ni caso –le dije yo.

–¡Escucha! Podría hacer algo por vosotros –insistió él–. Algo por libre.

–Eso es. Podríamos hacerlo por libre.

–Cuando esto se sepa, habrá una recompensa. Podríamos aliviaros del problema, ocuparnos de la entrega y repartir el dinero con vosotros. ¿Qué decís?

A Minnie se le iluminó la cara como si le acabaran de anunciar un nuevo cumpleaños.

–Entonces, ¿decís que sí? ¿Qué tal un reparto de setenta treinta? La aseguradora del cuadro ofrecerá cientos de miles a condición de que la cosa no salga en la prensa. Cuando la gente sabe que han tenido que pagar una compensación alta, eso afecta a sus acciones, claro. Si podéis mantener esto en secreto, podríamos llegar a daros... Pueees... Veinte de los grandes, por ejemplo.

–Veinticinco –replicó Minnie.

–Hecho.

Le dio a Bary la foto de la Polaroid y dijo:

–Esto es a cuenta. Tendréis el auténtico cuando recibamos el dinero.

Esa noche, mientras recogíamos las cosas, le dije:

–¿Y si nos cazan?

–A los Delincuentes Eminentes especializados en arte no los cazan nunca. Mira a Vincenzo: tuvieron que inventar toda una ciencia sobre huellas dactilares para cazarlo.

–¿Cómo has dicho?

–Que solo lo cazaron porque se inventó la identificación mediante huellas dactilares.

–¿O sea, que lo cazaron?

–Bueno, sí. Al final.

–Nunca me dijiste que lo cazaron.

–No. Se me pasó sin darme cuenta, no sé por qué.

–Ah.

–Ya.

9 julio

Coches hoy:
GRAND CHEROKEE V8: hermanas Sellwood
BMW M5 NEGRO CARBÓN: Lester, yo, Minnie, Max, fondos de la National Gallery. Y la señorita Stannard

Tiempo: lluvia

Nota: MODELO COLECCIONABLE DE ASTILLA CON SESENTA Y SIETE PUNTOS DE ARTICULACIÓN

Esto fue lo que Minnie acordó con Bary y Tono:

Mamá iba a llevarse todos nuestros bártulos el miércoles por la tarde al Superbaratillo Bajo los Focos del campo del Dynamo de Blaenau. Nosotros nos quedaríamos de canguros de Max. Y Bary y Tono pasarían con el dinero y nosotros les daríamos el cuadro.

Esto es lo que pasó en realidad:

Ayudamos a mamá a cargar todas las cajas en el coche. Y en el momento en que estaba a punto de arrancar, sonó un claxon junto a la cancela. Eran las hermanas Sellwood. Corrí a abrirles.

–Así que aún no os habéis ido, ¿eh, Dylan?

–Aún no.

Y salieron del coche.

–Me temo que está cerrado, señoras mías –dijo mamá–. No tenemos nada de gasolina, si es eso lo que buscan.

–Oh, no, no, no –dijo Edna–. Es que vimos que metía usted todo en cajas y eso nos inspiró: mire.

En el asiento de atrás llevaban una caja con viejos discos y una lámpara.

–Vamos al mercadillo de Blaenau. A ver si vendemos alguno de estos cachivaches.

–Ya entiendo.

–Y, a propósito de ello, nos preguntábamos si podríamos recuperar nuestro cuadro.

–¿Su cuadro?

–El que pintó nuestro padre. El cuadro de Elsa.

Yo y Minnie nos miramos. Los dos estábamos pensando lo mismo. O sea: «¡Qué horror!».

–Ah, desde luego –asintió mamá–. Ahora mismo se lo traigo.

–¡Voy yo! –dijimos Minnie y yo a la vez; con suerte, a lo mejor nos daba tiempo a sacar *Los girasoles* del marco.

–Vosotros quedaos con el niño –dijo mamá–, que ya lo traigo yo. No me interpreten mal, es una pintura preciosa, pero ha producido un efecto muy negativo en Marie. Me tranquilizará perderla de vista.

Y entró en la casa.

–Supongo que no irán ustedes a venderlo, ¿verdad? –preguntó Minnie.

–En realidad no lo necesitamos –respondió Edna–. Elsa no puede verlo y yo estoy cansada de mirarlo. ¿Para qué quiero un retrato de Elsa si tengo ante los ojos a la verdadera durante todo el día? –dijo, y no le faltaba razón–. El cuadro siempre ha creado problemas entre las dos. Nunca sabré por qué a ella le hizo un retrato y a mí no. De todos modos, se acabó. Va a desaparecer.

Mamá salió y les dio el cuadro.

Y salieron en dirección al Superbaratillo Bajo los Focos del Dynamo de Blaenau, con nuestro Van Gogh de incalculable valor en el asiento de atrás de su Grand Cherokee.

Unos diez minutos más tarde, mamá también se fue.

Yo estaba empezando a recuperar el habla.

–¿Y ahora qué hacemos? –dije.

–Lo que no podemos hacer es quedarnos aquí, eso está claro.

–¿Por qué no? –mi plan era meterme en la cama y taparme la cabeza con el edredón.

–Porque cuando vengan Bary y Tono nos matarán.

–Ah.

–No pasa nada –siguió Minnie–. Todo buen plan tiene siempre un amplio margen de error. Se trata únicamente de que lo sepamos utilizar bien. Y esto es lo que vamos a hacer: vamos a ir al mercadillo, vamos a comprar el cuadro, lo vamos a traer aquí y todo va a salir a pedir de boca.

–¿Y si lo han vendido ya?

–Es una posibilidad que debemos minimizar.

–¿Cómo?

–Poniéndonos en marcha de una repajolera vez.

En el autobús iba Jade Porty. Le dedicó a Max una gran sonrisa y le cosquilleó debajo de la barbilla, cosa que no le gustó. Luego, con su voz de niñita, como si le estuviera hablando a Max, dijo:

–¿Y adónde vaaaisss? ¿Al Superbaratillo de Blaenau?

–Eso es.

–A buscar gangas, ¿no?

Lo dijo con retintín, como dando a entender que íbamos allí porque éramos pobres. Hubiera querido decirle: «Pues mira, no. Vamos a recoger nuestro Van Gogh de veinticinco millones de libras». Pero no lo hice.

Era obvio que teníamos que evitar a mamá cuando llegáramos al campo de rugby. Eso fue fácil, porque las luces de los focos dejaban grandes zonas de sombra por todas partes.

Encontramos el coche de las hermanas Sellwood y vimos que el cuadro seguía allí. Todo el plan volvía a funcionar. Por eso fue una lástima que las señoritas Sellwood pidieran veinte libras por su cuadro y solo tuviéramos cinco.

–Para nosotras tiene un enorme valor sentimental –explicó Edna–, y no podríamos venderlo por menos. Además, le he echado el ojo a un portatartas de porcelana de Wedgwood que hay allí enfrente. Así que necesito el dinero.

–Podríamos darles cinco libras en depósito y pagarles el resto cuando pudiéramos –suplicó Minnie.

–Me encantaría acceder, hijita...

–¡Estupendo!

–... pero una no puede hacer siempre lo que le gusta, ¿no crees? Si hiciera eso, no tendría suficiente dinero para el portatartas. Y entonces, ¿cómo podría funcionar el mundo?

Entonces, a Minnie se le ocurrió llamar por teléfono a Tom y decirle que trajera algo de dinero.

–Consigue que tu madre te traiga en coche hasta aquí –dijo–. Lo necesitamos ahora mismo.

Tom dijo que estaba en camino.

Nos metimos entre los coches, intentando mantenernos fuera del campo visual de mamá. Casi todos eran coches familiares y todoterrenos, pero había uno muy de época, un Morris Traveller la mar de interesante que parecía estar hecho de madera. La gente vendía lámparas, vajillas y baterías de coche. Una mujer vendía reproducciones de retretes victorianos.

Al rato vimos a Tom.

–¡Menos mal, carcamal! –dijo Minnie.

Tom, que venía paseando hacia nosotros, nos saludó con la mano, encantado. Solo que no era la mano lo que agitaba, sino una especie de muñeco. Lo sujetó de forma que pudiéramos verlo bien. Era un modelo de Astilla, el gurú de las Tortugas Ninja.

–Sesenta y siete puntos de articulación –dijo radiante–. Ya empezaba a creer que no existía. He estado buscando esto toda mi vida.

Hay que reconocer que estaba muy bien hecho. Realmente tenía ese aire distante que tiene Astilla.

–¿Dónde lo encontraste? –preguntó Minnie.

–Allí. El hombre del Skoda.

–Eso me temía. ¿Cuánto te ha costado?

–Diecisiete libras y noventa y nueve peniques.

–¿Cuánto te queda entonces?

–Dos libras y un penique.

Preferimos no darle explicaciones. Estaba tan contento con su modelo de Astilla que no parecía justo estropearle su momento.

Fue justo entonces cuando el Jaguar hizo su aparatosa entrada en el campo. Bary y Tono se apearon y empezaron a mirar a su alrededor.

–El último intento –dijo Minnie.

Nos escabullimos entre los coches y llegamos a un punto cercano al puesto de las señoritas Sellwood desde el que podíamos ver la pintura. Bary y Tono estaban a punto de pasar de largo, pero Minnie les salió al paso y dijo:

–¿Dónde está el dinero?

–¿Cómo?

–Si no hay dinero, no hay cuadro.

–No voy a soltar veinticinco de los grandes debajo de una torre de focos en un sitio lleno de gente –dijo Bary–. Y además, ¿qué estáis haciendo aquí? Dijisteis que nos veríamos en la casa.

–Lo siento. Estamos de canguros –y les señaló a Max.

–Vuestra hermana casi nos produce un infarto. Sabe chillar como nadie, ¿no?

–Tiene mucha práctica. Necesitamos el dinero.

–No.

–Pero no todo. Un anticipo de buena fe. O no hay cuadro.

–¿Cuánto?

Minnie echó un vistazo al puesto de las dos hermanas. El cuadro seguía allí.

–Veinte pavos –dijo.

–¡Veinte pavos! –exclamó Bary.

–¡Veinte pavos! –exclamó Tono.

–¿De qué se ríen ustedes? –dijo Tom–. Hablamos en serio, ¿saben?

–Vamos, vamos –dijo Tono–. ¿Alguna cosa más? ¿Una bolsa de cacahuetes? ¿Unas patatas fritas?

–Solo queremos ese dinero.

Bary se sacó del bolsillo un gran fajo de billetes y peló de él uno de veinte libras. Minnie lo agarró y dijo:

–No os mováis de aquí.

Y corrimos al puesto de las hermanas. Llegamos justo a tiempo, porque allí estaba Lester, marchándose con el cuadro.

Nos quedamos paralizados. Sabíamos que Bary y Tono nos estaban observando. Sin pensar siquiera en lo que hacía, le pegué un grito a Lester:

–¡Eh!

Él giró la cabeza, nos vio y volvió a mirar al frente. Pasó de nosotros olímpicamente. Pensé en cuánto le había gustado verme otras veces y deseé que esta fuera una de ellas.

Miré al puesto de las hermanas Sellwood. Quizá fuera un error; quizá se tratara de otro cuadro. Pero no, había volado definitivamente. La señorita Elsa estaba sentada con aire de cansancio en el parachoques del Grand Cherokee, justo en el sitio donde había estado la pintura.

–Quiero ver a mamá –dijo Minnie; ya he comentado que, como es un genio, uno se olvida de que solo es una niña–. ¿Dónde está? ¿Dónde está mamá?

Buscaba el puesto de mamá con la mirada. La agarré del codo.

–Mamá ya tiene demasiadas preocupaciones –le dije–. Vámonos.

Y echamos a andar detrás de Lester. Yo sabía que iba a resultar embarazoso. Que a lo mejor no salía bien. Pero también sabía que mi obligación era resolver aquel lío y no agobiar con él a nuestra madre.

Bary y Tono no se quedaron atrás. Los teníamos a nuestra espalda constantemente, sin perdernos de vista. No se acercaban más de la cuenta y no sabían si fiarse de nosotros. Tampoco hubiera tenido mucho sentido intentar darles esquinazo. Max no dejaba de saludarlos con la mano y de gritar:

–¡Señor! ¡Hola!

Alcanzamos a Lester cuando llegó a su coche.

–Hola –dije.

No miró. Así que hice lo más difícil del mundo y dije:

–Quentin.

Me miró. Sonreí y espié por encima de su hombro: Bary y Tono seguían allí.

–¿Vuelve usted allí arriba? ¿Nos puede llevar en el coche?

Pareció algo desconcertado.

–Por favor –dijo Minnie.

–Le devolveremos *Los girasoles*.

Seguía sin decir nada. Se limitó a meter el cuadro en el maletero, y luego abrió la puerta trasera derecha y nos hizo señas con la mano para que subiéramos. Cerró con ese chank tan agradable, pero siguió en silencio. Supongo que si le robas a alguien un cuadro de veinticinco millones de libras, lo normal es que esté un poco frío contigo. De todas formas, los asientos de piel eran completamente alucinantes y estábamos a salvo. Al menos de momento. Pudimos ver a Bary y Tono mirándonos fijamente mientras arrancaba el motor. Minnie les saludó disimuladamente con la mano. Yo hubiera preferido que no lo hiciera, porque nos dedicaron un rugido y dos minutos después recibimos un mensaje de texto. Decía: «Esperad y veréis».

Estábamos tan contentos de estar en el coche que no nos habíamos dado cuenta de que la señorita Stannard ocupaba el asiento del copiloto. Se había quitado los zapatos.

–Buenas tardes, niños –dijo; estaba comiéndose un Twix, pero no nos ofreció–. Íbamos a dar una vuelta por Bala, pero de pronto a Quentin le entró una obsesión por los productos de las Tortugas Ninja.

Mostró en alto el libro que había comprado Lester: era un viejo almanaque de las Tortugas. ¿Por qué habría comprado aquello? Lester se lo quitó de la mano y lo puso en el portamapas ergonómico, entre los dos asientos delanteros. Seguía sin hablar. Y, en cambio, a Max ahora le había dado por cantar: «¡Coche corre! ¡Coche corre! ¡Coche corre!», sin parar un momento. Yo suelo cantar con él, pero me daba demasiado apuro, y además dejó de cantar al cabo de un rato.

Minnie se sentía animada y hasta atrevida, porque pensaba que había escapado de una muerte cierta.

–¿Así que les gusta a ustedes el cuadro de la señorita Elsa? –preguntó.

–No especialmente.

–¿Es cierto que esa encantadora criaturita es Elsa? –preguntó la señorita Stannard.

–Su padre pintó el cuadro cuando ella era muy pequeña –explicó Minnie.

–No es verdad –dijo Lester sin quitar los ojos de la carretera A496–. Esa pintura se llama *Una cautiva griega*, y la pintó Henriette Browne en 1863. Era una de las más populares del museo. Durante la Segunda Guerra Mundial, que fue la otra ocasión en que las pinturas se evacuaron a esa cantera, la pintura desapareció. Supongo que algún antepasado de las Sellwood lo robó por la razón que fuera...

–¿Y por qué supones eso? –dijo la señorita Stannard–. ¿Por qué no imaginar que algún tipo incompetente del museo se dejó olvidado el cuadro y el señor Sellwood lo recuperó para la nación?

–Porque no lo recuperó para la nación. Lo colgó en su cocina.

–¡Cowabunga! –chilló Minnie–. ¡Conque el abuelo Sellwood era un delincuente! Cometió el crimen perfecto. Por eso tiene Manod unos índices de delincuencia tan bajos: porque lo hacemos tan bien que nunca nos cazan.

–Ya no me sorprende que el latrocinio y la mentira también formen parte de la cultura local –masculló Lester.

–Gracias por decir eso, Minnie –dijo la señorita Stannard–. Muchísimas gracias.

Minnie miró a la montaña y sonrió.

–Eso es lo que deberíamos haber puesto en la señal: «Bienvenidos a Manod, tierra de bandoleros».

Pero a mí todo aquello no me importaba. «Esa no es la señorita Sellwood y su padre no la pintó», era lo único que podía pensar.

Cuando regresamos a la estación de servicio, Lester aparcó el coche y dijo:

–Bien. Creo que el acuerdo era que ahora me devolvíais la pintura.

–Vale –dijo Minnie–. ¿Está preparado...?

Pero yo la interrumpí.

–¿Y qué va a hacer con ella? –pregunté.

–La guardaré a buen recaudo en mi cueva con todas las demás y nunca volveré a cometer el error de permitir que venga gente a verla. Le enseñas arte a la gente y todo lo que ven es dinero. ¿Dónde está la pintura?

–Antes queremos que haga una cosa –dije.

–Te advierto que no estoy de humor para negociar.

Le hice a Lester llevar el cuadro al interior de la casa. La escena era algo deprimente. Todos los libros y casi toda nuestra ropa estaban metidos en cajas amontonadas en la habitación de delante.

–Arriba –dije.

La pared de la escalera siempre había estado adornada con fotos enmarcadas de todos nosotros, pero mamá las había quitado y ahora solo quedaban los espacios blancos que antes ocupaban los marcos.

Estábamos ante la habitación de Marie. Llamé a la puerta con los nudillos.

–¡Muérete! –gritó.

–Marie, es Lester. Quiere decirte una cosa.

Me volví hacia Lester y le pedí que le hablara del cuadro.

–¿De vuestro cuadro? ¿De vuestro collage con las fotos del bebé? Pues sí: en la National Gallery creen que es un proyecto local y lo han colgado. De hecho, atrae a más visitantes que el Meléndez. Es ridículo, pero así son las cosas. Tiene mucho éxito y es muy popular, aunque solo consista en una serie de fotos de vuestro hermanito. Así fue como supe que...

–¡Me da igual! –chilló Marie.

–No, de su cuadro no –dije yo–. Háblele de este otro.

Lester pareció desconcertado.

–¡Tiene que decirte otra cosa! –grité con la boca pegada a la puerta–. Algo sobre el cuadro de las Sellwood. No es un retrato de la señorita Elsa.

Al otro lado se hizo un largo silencio.

Luego, la puerta se abrió y asomó Marie. Parecía como si hubiera estado llorando durante un mes. Tenía los ojos rojísimos y la piel seca. Vio la pintura y soltó un gruñido. Creí que iba a darle una patada.

–Espera, espera –le dije–. No es ella. No es la señorita Elsa. No tiene nada que ver con ella.

–¿Pues quién es?

Miré a Lester. No pudo evitarlo: aunque estuviera enfadado, le gustaba demasiado dar conferencias para resistirse. Carraspeó y dijo:

–Interesante pregunta. El nombre de la modelo era Maria Pasqua. Fue muy famosa en su tiempo. Como podéis ver, era también extraordinariamente hermosa.

–¿Ni siquiera era familia de las señoritas Sellwood?

–En absoluto. Nació en la región italiana de los Abruzzos, en el seno de una familia campesina. La familia era extremadamente pobre, y cuando les nació esta exquisita criatura, vieron en ello una oportunidad para mejorar su suerte. Su padre la llevó a Roma. En aquella época era costumbre que las personas con facciones interesantes se congregaran en las escaleras de la plaza de España, con la esperanza de que algún artista las tomara como modelos. Había un viejo con una gran barba al que contrataban a menudo para hacer de Dios Padre, muchas mujeres jóvenes que hacían de Virgen María y cantidad de gente así. Cuando apareció por allí esta chica, todo el mundo quería pintarla.

–¿Para representar a quién?

–Bueno, a nadie en concreto. Solo por lo bella que era, como podéis ver. Aquella temporada la retrataron casi todos los pintores del lugar. Y cuando llegó el momento de que los distintos estudios expusieran sus obras, les quitaron de las manos hasta el último retrato de la joven campesina.

–¿Así que se hizo famosa?

–Me temo que fue más complicado que eso. A una condesa inglesa le gustó tanto su cara que trató de comprar uno de los retratos, pero llegó tarde. Así que, en vez del cuadro, compró a la chica.

–¡¿Cómo?! –dijimos Marie, Minnie y yo.

–Llamó al padre de la muchacha y le ofreció una buena vida y una buena educación para su hija si aceptaba no volver a verla nunca más. La familia era pobre. No estoy seguro de que el padre entendiera todo lo que le dijo la condesa, pero aceptó.

–¿Y qué pasó con la chica? –preguntó Marie.

–Se marchó con la condesa creyendo que posaría de modelo para ella esa tarde, y nunca volvió a ver ni a su familia ni su país.

Todos nos quedamos con la mirada fija en la pintura, pensando que, cuando la pintaron, la niña no sabía que aquello iba a ocurrirle. Hasta Max se quedó callado.

–¿Pero qué ocurrió luego? –insistió Marie.

–Creo que su padre le escribía muy a menudo, pero ella nunca recibió sus cartas –dijo Lester–. Vivió hasta una edad muy avanzada.

–Lo que quiero saber es qué le pasó a su cara –dijo Marie.

–Oh, fue siempre bellísima –respondió Lester–. Y se casó y tuvo hijos, y ellos también fueron muy guapos.

Marie le miró y exclamó:

–¡Pues claro! ¡Tuvo hijos! ¿Por qué no lo decíais nadie?

Y rodeó a Lester con sus brazos y le dio un beso. Luego dio un beso a Max y otro a Minnie. Y si me hubiera besado a mí, la hubiera dejado. Después bajó al piso de abajo sin parar de parlotear, como la Marie de siempre, y le dijo a Lester:

–¿Sabe una cosa? Llevo semanas encerrada en ese cuarto por culpa de ese cuadro y, mire usted por dónde, ahora ese mismo cuadro me ha devuelto la libertad. Gracias, Lester.

–Quentin.

–Gracias, Quentin.

Me di cuenta de que Lester estaba empezando a sentirse contento otra vez. Marie le preguntó si quería quedarse a tomar el té, pero él le dijo que tenía algunos asuntos que atender y luego nos miró a mí y a Minnie.

–Lleva usted un siglo con la pintura en su poder –dijo Minnie–. La escondimos detrás de la otra y está en ese mismo marco. Compruébelo si no nos cree.

Lo comprobó. Sacó *Los girasoles* justo cuando mamá estaba entrando por la puerta. Y nos sentamos todos frente a la pintura durante un rato, como si fuera una fogata y nos estuviéramos calentando. Mamá fue la que más rato se quedó.

–Hace que me sienta como si nada más importara –dijo.

Acompañé a Lester al coche.

–¿Por qué lo hicisteis? ¿Lo teníais planeado todo desde el principio?

–No. La verdad es que las pinturas me encantaron, aunque no sabía nada de ellas. Les encantaron a todos.

Luego le conté lo de los hombres del seguro y cómo habían subido la prima porque la galería de pinturas estaba ahora allí, y él dijo:

–¿Pero es eso todo? Tenías que habérmelo contado. Dispongo de un pequeño fondo para relaciones con la comunidad, y estoy seguro de que podría cubriros eso. Ya te lo confirmaré.

Y se marchó y me dejó pensando: «¿Por qué narices no se nos ocurrió eso de entrada?».

Justo a continuación llegaron las señoritas Sellwood. Les abrí la cancela. Edna parecía muy animada.

–¡Hemos conseguido cien libras! –dijo–. ¿Os imagináis?

Elsa, sin embargo, se quedó sentada como un oso de felpa descuajeringado.

–Está disgustada porque creía que papá había pintado ese cuadro para ella –explicó Edna–. Y yo le he dicho que no fuera tan boba, porque ¿qué más le da, si de todos modos no puede verlo? Le estoy contando a Dylan lo boba que eres, Elsa.

Aquella noche, en la cama, sonó el pitido de un mensaje en el móvil de Marie. Decía: «RT y AB están enrollados. Oficial». Tardé al menos diez minutos en convencerme de que no se trataba de una extraña amenaza en código enviada por Bary y Tono. Era solo alguien de la clase de Marie haciendo circular un cotilleo. Pero para entonces, ya estaba demasiado espabilado como para volver a dormirme. Me quedé tumbado pensando, y cuanto más pensaba, más evidente resultaba que todo había sido culpa mía. Si repasaba lo ocurrido cosa por cosa hasta llegar a lo del Ford Fiesta de la señorita Stannard, yo había sido el culpable de todo. Les había contado lo del Mini a Bary y Tono. Les había dicho dónde estaba papá. Incluso les había soltado lo del robo. El plan era de Minnie, vale; pero Minnie era mi hermana pequeña y yo era su hermano mayor. Y se supone que los hermanos mayores deben impedir que sus hermanas pequeñas se vean metidas en robos de altos vuelos, ¿sí o no? Se supone que los hermanos mayores tienen que cuidar de sus hermanas pequeñas. ¿Y quién se supone que cuida de los hermanos mayores? Los padres. ¿Y dónde estaba el mío?

10 julio

Coches hoy:
TAXI
JAGUAR XJ 4.2 V8 SOVEREIGN: Bary y Tono

Tiempo: soleado

Nota: LAS CEBRAS SON IMPROBABLES,
NO IMPOSIBLES

Una razón por la que no creo que nadie pueda cometer un crimen perfecto es porque los planes nunca salen bien. Y es que ocurren cosas constantemente. Incluso a Vincenzo Peruggia lo cazaron al final. ¿Y qué me decís de Minnie? Tenía un plan A. Luego tuvo que pasar al plan B, y ese tampoco funcionó.

¿Y yo? Toda la noche sentado, planeando qué hacer cuando llegaran Bary y Tono. Cuando por fin oí un coche entrar en la gasolinera, supuse que eran ellos y me entraron ganas de vomitar. Pero salí de la cama y bajé a la puerta. No sabía lo que iba a hacer. Solo sabía que tenía que ser yo quien lo hiciera, no mamá.

Abrí la puerta.

Y no eran ellos. No era un Jaguar. Era un Mondeo (velocidad máxima, 195 kilómetros por hora). Lo primero que noté fue que había una cebra en el asiento del copiloto. Una de esas que son juguetes de peluche. Se abrió la puerta trasera y bajó papá, pagó al conductor y el taxi se marchó.

No me extenderé sobre ello. No dijo mucho. Solo señaló la cebra y dijo:

–Esto es para Max.

–Aún está dormido.

–Pues no lo despertaremos.

Así que estuvimos dando unas pataditas al balón hasta que los demás se levantaron.

Mientras todos desayunábamos juntos, Max jugaba con la cebra. La empujaba por el suelo haciendo ruuum, ruuum.

–¿Cómo ha ido todo? –preguntó papá.

–Tuvimos algunos problemas con el seguro –contesté–, pero ya los hemos solucionado.

Mamá me miró y yo le dije que ya hablaría con ella más tarde.

–Ah, y yo y Marie ya sabemos cambiar el aceite.

–¿Qué te ha hecho volver? –preguntó mamá.

–Estuve un tiempo en Harlech, pero decidí marcharme de allí. Fui a ver lo de la Nueva Barrera. Estuve en Londres. Oí hablar de esa pintura de la National Gallery que tiene que ver con Manod. Fui a verla y, de algún modo, eso me convenció.

Puede que nunca hayáis visto el cuadro de Marie. En aquel momento, yo mismo no lo había visto aún. Después he podido verlo colgado en nuestra casa. Todo el mundo dice que en la National Gallery, donde era el único cuadro, quedaba aún mejor. Como dice papá: «No necesitaban más cuadros. Si tienes eso en la pared, ¿qué otra cosa podría apetecerte mirar?».

El cuadro está formado por treinta y cinco fotos Polaroid de Max. Están colocadas una junto a otra, como palabras en una página, y tienen la fecha en la esquina inferior izquierda. Hay una cada día hasta un total de treinta y cinco, y todas parecen prácticamente iguales. La diferencia es que en las primeras tiene ese pelo largo y rizado de bebé que ya se nos había olvidado por completo. Al principio es un bebé. Al final ya es un niño pequeño. Si te alejas, parecen treinta y cinco fotos iguales. Pero si te acercas y miras con atención, puedes ver las diferencias. Te figuras que puedes ver al Tiempo cambiándole la cara.

Y si fueras mi padre, supongo que ese cuadro te haría ver lo que te estabas perdiendo.

El caso es que resultó muy popular. Sobre todo entre nosotros.

Nada más acabar de desayunar, empezamos a vaciar las cajas. Porque ya no íbamos a marcharnos de Manod. Yo estaba con papá cuando aparecieron Bary y Tono.

–¿En qué puedo ayudarles? –dijo papá.

Yo me daba cuenta de que mi padre había sido un delincuente. Y un delincuente huido. Pero, ahora que estaba en casa, ¿qué harían con él?

Le explicaron que había habido una serie de problemas, y que tenían en su poder una foto incriminatoria de sus hijos con una pintura valiosa. Y le enseñaron la foto en la que salíamos con las caretas. Papá se rio, entró en casa y salió con la pintura por números de *Los girasoles*. La sostuvo en alto para que la vieran bien.

–Grandes obras maestras para colorear con sus propias manos –dijo–. Tres libras en el mercadillo de los

Scouts Náuticos de Bala. Me parece que les han tomado a ustedes el pelo, caballeros.

Bary y Tono parecían incómodos.

Tono me miró y dijo:

–Nos sacaron veinte libras.

Papá pareció sorprenderse.

–Ellos no harían una cosa así –dijo.

–Bueno, eso no hace al caso –intervino Bary–. Estamos aquí para hablar del Mini Cooper.

–¿Ah, sí? –dijo papá.

Se acabó lo que se daba. Ahora lo detendrían por intentar estafar al seguro.

–Desapareció y más tarde fue recuperado.

–Eso es lo que yo llamo un golpe de suerte –dijo papá.

–¿Daños?

–Ni el más mínimo –respondió papá–. Estoy pensando en venderlo en eBay.

–No lo haga –dijo Tono.

Papá le miró.

–¿Y por qué no, si puede saberse?

–Bary quiere comprarlo –explicó Tono.

–Siempre he querido tener uno de esos –asintió Bary–. Desde que vi *Un trabajo en Italia.*

–Pues claro –dijo papá–. Eso está bien. Pero que muy bien.

Y estuvo muy bien. Fue lo mejor del mundo. Papá dijo que podría conseguir cinco de los grandes en eBay. Bary dijo que él no quería dar tanto, pero que si el precio era razonable, podía pagar en efectivo y a tocateja. Así que estuvieron hablando de precios durante un siglo, mientras Bary daba vueltas y más vueltas mirando los neumáticos.

–El delantero del lado del pasajero está algo gastado por el interior –dijo–. Me preocupa por la alineación.

Papá abrió la puerta del conductor y entonces fue cuando Bary vio que la palanca del intermitente tenía en el extremo una lucecita que se encendía y se apagaba.

–Oh –dijo–. Tiene la equipación original. Nos lo llevamos ya.

Y eso hicieron. Bary le dio a papá lo que parecía un sándwich de tres pisos, pero hecho de dinero. Aunque antes dijo:

–Un momento –y quitó un billete de veinte libras de lo alto del fajo–. Esto es lo que nos sacaron sus hijos, así que lo recupero.

Luego saltó dentro del coche y lo arrancó. Lo primero que hizo fue accionar los intermitentes y reírse al verlos funcionar. Y a continuación se marcharon. De pie en el murete, vi cómo los dos coches bajaban por toda la calle de Blaenau (carretera B5565). De vez en cuando, los intermitentes del Mini señalaban sin necesidad a la izquierda o a la derecha, pero el coche siguió su camino hasta desaparecer.

–Espero que estén asegurados –dijo papá con una sonrisa, y luego, agitando el fajo de billetes, añadió–: Acabamos de generar un pequeño capital que podemos invertir en nuestro negocio.

Y eso fue lo que hicimos. Y muy pronto todo se arregló. Porque eso es precisamente lo que mejor sabe hacer mi padre: arreglar cosas.

22 agosto

MENÚ

EL GRAN CUADRO: dos salchichas, bacon, huevo, morcilla, tomates, tostada
EL BODEGÓN (opción vegetariana): tomates, judías, huevo, champiñones, tostada
EL BOCETO: tostada doble de bacon o salchicha
EL COLLAGE: selección de cinco ingredientes distintos y café
Guisado galés de cordero con malta de cebada
Tosta doble de queso galés fundido
selección de pasteles y cafés

Ventas para llevar: señorita Stannard
(2 Twix y un FT)

Nota: A NADIE LE GUSTA LA MALTA DE CEBADA

Ya no somos solo El Oasis de Snowdonia - Hogar del Automóvil & Centro de Fotocopias. Somos también un café y el local con más tirón de Manod. Minnie quería que lo llamáramos La Guarida de los Bandoleros, pero perdió la votación. Se llama Café Obra Maestra. Seguimos llevando un registro de gasolina, pero ahora es mamá quien se ocupa de eso. Yo me dedico más bien a los menús. El de mediodía cambia a diario. Lo anoto en el registro de gasolina y añado algunas notas al respecto. Por ejemplo: a nadie le gusta la malta de cebada. Por eso todo el mundo pide tosta doble de queso galés fundido. Y eso es un problema, porque tenemos que tostarlas una por una, mientras que el guisado está ya listo en una gran olla.

Recuerdo que tuvimos que hacer veinte tostas dobles de queso el día en que todas las pinturas volvieron a la National Gallery. Las furgonetas aparcaron detrás de la cancela y todos los conductores vinieron a comer. Hasta vino Lester, y pidió una tosta con huevos escalfados. ¡Y decía que no comía huevos!

Por cierto, que aclaramos el misterio de por qué Miguel Ángel no ponía huevos. Es una gallina macho. Un gallo. Y también aclaramos el misterio de por qué Donatello había dejado de poner. Tuvo media docena de pollitos amarillos. Se los enseñamos a Lester y le pedimos que les pusiera nombres. Y dijo:

–¿Qué tal Astilla, April, Shredder y...? Lo siento, pero creo que no se me ocurren más.

–Vale –dije yo–. Astilla, Shredder, April, Renoir, Monet y Massys.

Más tarde, aquel mismo día, subimos caminando al monte para tomar un poco el sol. Había desaparecido la alambrada de espino. Uno de los tecnódromos aún seguía allí, pero ahora estaba vacío. Y se podía entrar directamente a la cantera. Nos metimos túnel abajo hasta llegar a la gran galería y encendimos las luces. Estaba... No sé, vacía: el sitio en que habían estado todas aquellas pinturas era un gran espacio vacío.

En el camino de vuelta a casa, le enseñé a mamá los dibujos grabados en el peñasco. Y cuando vio el de las dos mujeres ocultas bajo el musgo, dijo:

–¡Madre mía! Tú sabes quiénes son estas dos, ¿verdad?

Y papá fue a buscar a las hermanas Sellwood y las hizo venir a la roca para enseñarles el dibujo y la inscripción. Decía: «Elsa y Edna llaman la atención».

Como el dibujo estaba tallado en la roca, Elsa podía palpar las líneas, algo que nunca hubiera conseguido con una pintura. Edna puso los dedos de Elsa en los surcos y la ayudo a moverlos sobre el dibujo. Una gran sonrisa iluminó la cara de Elsa. Porque aquello era un retrato suyo de mucho tiempo atrás, cuando aún era guapa, hecho seguramente por su padre en algún día frío, mientras pensaba en sus hijas en vez de partir pizarra. Y allí seguía, después de tanto tiempo: un momento vivo que ya nu
desaparecería.

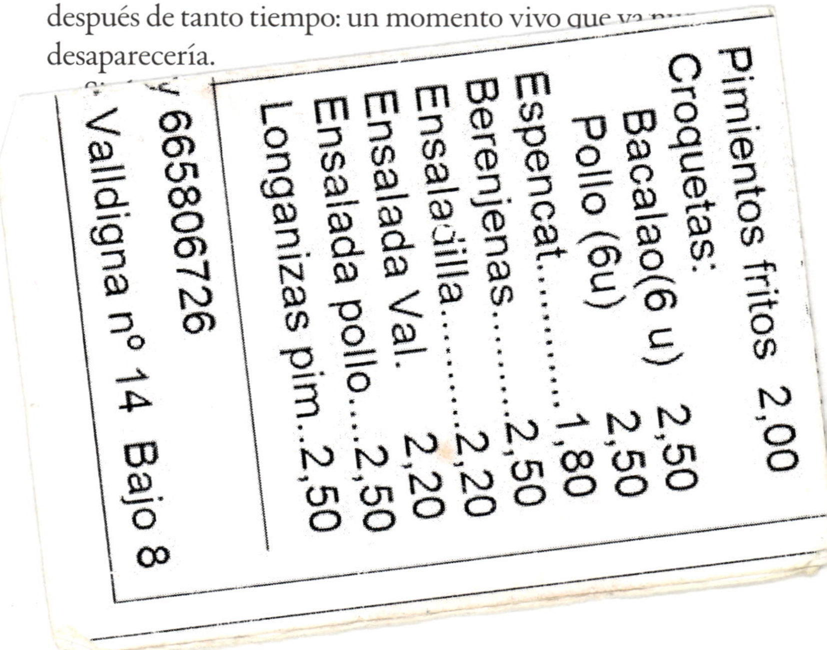

Las pinturas

El crimen (im)perfecto
Mona Lisa (también llamada *La Gioconda*), 1503-1506
Leonardo da Vinci (1452-1519)

Esa Madonna, no la otra
Madonna de Manchester, hacia 1497
Miguel Ángel Buonarroti (1475-1564)

El de las nueces
Bodegón con naranjas y nueces, 1772
Luis Meléndez (1716-1780)

La que te hace sentirte bien
La duquesa fea, 1525-1530
Quentin Massys (1465-1530)

La fiesta sobre bastones
Los paraguas, 1881-1886
Pierre-Auguste Renoir (1841-1919)

No era el Santo Grial
Díptico Wilton, 1395-1399
Artista desconocido

La niña más guapa que habíamos visto jamás
Una cautiva griega, 1863
Henriette Browne (1829-1901)

La foto de boda
El matrimonio Arnolfini, 1434
Jan Van Eyck (muerto en 1441)

La que hizo que el señor Davis cortara a Elvis con la motosierra
Bañistas en La Grenouillère, 1869
Claude Monet (1840-1926)

Un ángulo distinto
Los embajadores, 1533
Hans Holbein el Joven (1497/8-1543)

La que (casi) se escapa
Los girasoles, 1888
Vincent Van Gogh (1853-1890)

Excepto la *Mona Lisa*, que se encuentra en el Museo del Louvre, en París, todos los demás cuadros están en la National Gallery de Londres.

Agradecimientos

Las pinturas de la National Gallery fueron realmente evacuadas a la cantera de Manod durante la Segunda Guerra Mundial. Jessica Collins y Dafydd Jones, ambos de la librería Siop Llyfrau'r Hen Bost, en Blaenau Ffestiniog, fueron muy generosos con su información sobre esa historia. Por cierto, Blaenau Ffestiniog es un pueblo bonito y animado que no tiene ningún parecido con el Manod que yo he inventado. La historia de Maria Pasqua también es auténtica y está recogida en una conmovedora biografía escrita por su hija, Magdalen Goffin. Luther Blissett es un futbolista real, pero no es cierto que lo ficharan por error. Y lo del hígado tampoco es verdad: se lo inventó Denny, mi mujer. Pero sí es verdad que hay una gran escuela en Gumbi. Se llama St Martin's (www.guardian.co.uk/getinvolved). No sé una palabra de coches ni de galés; sobre los coches pregunté a Ian Millar y sobre el galés a Marc Evans. Mis hijos Benedict, Gabriella y Chiara me acompañaron a la cantera y entraron conmigo en la galería. Y los niños de la Escuela Primaria Católica Saint Raymond de Netherton fueron para mí una gran fuente de inspiración.

Mi editora fue la superfabulosa y ajetreada Sarah Dudman.

Agradezco mucho la ayuda de todas estas personas, pero, sobre todo, quiero dar las gracias a mis padres. Mi primer contacto con el arte fue agarrado de sus manos en la Walker Art Gallery de Liverpool y, más tarde, sentado junto a mi padre casi de madrugada mientras él estudiaba el Renacimiento ante el televisor para graduarse en la universidad a distancia.

TE CUENTO QUE FRANK COTTRELL BOYCE...

... descubrió que quería ser escritor cuando iba a sexto, y a la profe le pareció tan divertida una de sus redacciones que se la leyó en alto a toda la clase.

Antes de dedicarse a escribir libros infantiles, que es lo que le gusta de verdad, trabajó como guionista de cine junto a directores ingleses tan conocidos como Michael Winterbotton o Danny Boyle. Y antes de eso se dedicó a ser titiritero en una playa llamada Morecombe. Por aquel entonces, trabajaba junto a un perro llamado Banjo, que pasaba la gorra y recogía el dinero del público. Aquella época se acabó cuando algún sinvergüenza le robó la recaudación a Banjo y el pobre perro se deprimió tanto que dejó de trabajar. Lo cual fue una desgracia para Frank y Banjo, y una gran suerte para todos los lectores que hoy podemos disfrutar de sus libros.

Frank tiene siete hijos a los que, evidentemente, lee sus libros para ver si les gustan. Él dice que si no les gustan, los manda a la cama sin postre, pero nosotros no nos lo creemos.

Frank Cottrell Boyce nació en Liverpool en 1959 y estudió Filología Inglesa en la Universidad de Oxford. Sus libros y guiones para el cine han ganado numerosos premios, como la Carnegie Medal o el premio Guardian de literatura infantil. Ediciones SM ha publicado *Cosmic*, otro de sus libros.

¿QUIERES LEER MÁS?

SI TE GUSTAN LOS LIBROS QUE OCURREN EN PUEBLOS, TIENES QUE LEER **LA VERDAD SOBRE LA VIEJA CAROLA.** A Marcos le gusta su pueblo; lo malo es que allí nunca pasa nada emocionante. Hasta que un día, en el bar de su abuelo aparece una nueva cliente: una mujer mayor llamada Carola, ataviada con turbante y gafas negras, que juguetea con una baraja de póker. Gracias a Carola, Marcos aprenderá muchas cosas. Pero las cosas emocionantes acarrean peligros...

LA VERDAD SOBRE LA VIEJA CAROLA
Carmen Pacheco
EL BARCO DE VAPOR, SERIE ROJA, N.º 202

A DIFERENCIA DE LOS CHICOS ANTERIORES, A DANIEL, EL PROTAGONISTA DE **¿MURIÓ LA SEÑORA GERTRUD?**, no le gusta nada haberse mudado a Villaflor. Le fastidian el pueblo, y el colegio, y los chicos de los que se supone que tiene que hacerse amigo... Pero, sobre todo, le fastidia que su padre ya no esté. Hasta el día en que el azar le lleva a la casa de la colina, donde vive la señora Gertrud rodeada de obras de arte. Al día siguiente, la señora Gertrud muere... ¿o no?

¿MURIÓ LA SEÑORA GERTRUD?
Luisa Villar Liébana
EL BARCO DE VAPOR, SERIE ROJA, N.º 209

Y HABLANDO DE ROBOS Y DE ARTE, ¿NO QUIERES ECHARLE UN VISTAZO A **EL MISTERIO DEL ROBO IMPOSIBLE**? En la quinta entrega de las aventuras de los Futbolísimos, un tesoro de valor incalculable desaparece de la exposición «Tesoros del Antiguo Egipto». Y lo malo es que los Futbolísimos acaban de visitar la exposición. ¿Que por qué van a sospechar de ellos? Si quieres averiguarlo, tendrás que leer el libro...

EL MISTERIO DEL ROBO IMPOSIBLE
Roberto Santiago
LOS FUTBOLÍSIMOS, N.º 5

SI LO QUE MÁS TE HA INTERESADO DEL LIBRO SON LAS OBRAS DE ARTE, TENEMOS OTRO LIBRO PARA TI: **LA PINTURA, ENTRADA LIBRE,** EN EL QUE PODRÁS ENCONTRAR VARIAS DE LAS PINTURAS DE LAS QUE HABLA **A CUADROS**, otras de los mismos autores y muchas más que seguro que te gustan. Porque leer sobre cuadros está bien, ¡pero aún mejor está verlos!

LA PINTURA, ENTRADA LIBRE
Marie Sellier